山东综合社会发展报告

（2017～2018 年度）

杨大利　刘　琳　主　编

山东大学出版社

图书在版编目(CIP)数据

山东综合社会发展报告.2017-2018年度 / 杨大利，
刘琳主编.—济南：山东大学出版社，2019.12
ISBN 978-7-5607-5962-3

Ⅰ.①山… Ⅱ.①杨… ②刘… Ⅲ.①社会发展-研
究报告-山东-2017-2018 Ⅳ.①D675.2

中国版本图书馆 CIP 数据核字(2019)第 301703 号

策划编辑：李　港
责任编辑：李　港
封面设计：牛　钧

出版发行：山东大学出版社
社　址　山东省济南市山大南路 20 号
邮　编　250100
电　话　市场部(0531)88363008
经　销：新华书店
印　刷：济南华林彩印有限公司
规　格：720 毫米×1000 毫米　1/16
12.5 印张　229 千字
版　次：2019 年 12 月第 1 版
印　次：2019 年 12 月第 1 次印刷
定　价：60.00 元

山东综合社会调查

山东综合社会发展报告

（2017～2018年度）

主　　编：杨大利　刘　琳

副 主 编：李进涛

编　　委（按姓氏拼音排序）：

侯麟科　冷安丽　李进涛　刘　浩　刘华兴

刘　琳　楼苏萍　孙宗锋　王乙杰　尉建文

燕纪煌　杨大利　俞少宾　张干群　张宏发

主办单位：山东大学公共治理研究院

山东综合社会发展报告

（2017～2018年度）

“山东综合社会调查(SGSS)”项目资助：山东大学

《山东综合社会发展报告(2017～2018年度)》出版资助：山东大学

“山东综合社会调查”项目合作单位

中国人民大学中国调查与数据中心

山东大学政治学与公共管理学院

共青团山东大学委员会

山东省社会信用中心

“山东综合社会调查”咨询委员会（按姓氏拼音排序）

曹现强　楚成亚　孔令栋　林聚任　王卫东　胡以松　邢占军

“山东综合社会调查”项目负责人

杨大利　刘　琳　李进涛（2018年）

“山东综合社会调查”2017年调查执行

总执行人：

杨大利　刘　琳

项目管理部（按姓氏拼音排序）：

郭雷庆　侯麟科　李　广　李　舒　唐莉娜　俞少宾　张天舒

数据采集部（按姓氏拼音排序）：

何畅东　何灵南　刘　冬　牛　千　孙立新　王铮慧　信　鸽　杨小婵

张宏发　张红莉　张雨薇

数据管理部（按姓氏拼音排序）：

陈仁兴　杜君斐　牛东明　秦　浩　沙致辰　王万鹏　武玉宝　向　维

张天逸　张文斌

前　言

山东综合社会调查(Shandong General Social Survey,SGSS)是由山东大学公共治理研究院联合中国人民大学中国调查与数据中心、山东大学政治学与公共管理学院、共青团山东大学委员会和其他学术机构共同开展的综合性、连续性大型社会调查项目。山东省综合社会调查项目利用科学抽样和入户调查,通过计算机辅助完成问卷调查,旨在建立起有关山东省社会发展变动趋势的资料数据库。数据库信息兼具开放性与标准化的特点,可用于历时性纵向比较和跨区域横向比较。

2017 年 7 月至 2018 年 1 月,山东大学公共治理研究院先后共投入 300 余人,完成了山东省 17 个地级市、52 个样本县(市、区)、104 个乡镇(街道办事处)、208 个村(居)委会、4032 份居民问卷调查,系统地采集了山东省城乡居民家庭情况、社会网络等各层次的数据,为开展山东省综合社会发展研究奠定了扎实的数据基础。

《山东省综合社会发展报告(2017～2018 年度)》基于山东综合社会调查,对山东省居民政治、经济、社会网络、健康、法律、生活等领域开展分析研究,并借助定量描述结果,对山东省综合社会发展状况进行充分展示,详尽地反映了山东省城乡居民各方面存在的问题,为山东省新旧动能转换、新时代城乡一体化发展提供数据支持和政策建议。

本书内容共有八部分:第一部分主要包括山东综合社会调查项目概况、抽样设计、调查数据处理等内容。第二部分主要介绍了山东省抽样调查获取的 182

个社区状况，对社区的人口、资源、经济、基础设施、就业、社会保障进行了综合描述，刻画了山东省城乡社区现状和发展条件。第三部分主要包括家庭和社会网络两部分，家庭部分主要对居民与家人之间的联系时间、联系方式以及日常活动等内容进行了阐述，社会网络部分则利用职场关系、朋友关系以及日常生活中接触的社会关系的时间、活动频繁度等表示，展示了不同年龄段、不同性别人群的家庭与社会网络结构特征。第四部分主要介绍了生活与消费方式，重点描述了山东省城乡居民的日常生活方式，与家人、朋友等的娱乐活动和消费方式，展示了居民的日常生活状态。第五部分主要介绍了生活满意度和幸福感，包括生活满意度、主观幸福感状况和幸福感自我评价三个部分。首先，从基本描述、性别、年龄和学历对山东省城乡居民的生活满意度进行了比较分析；其次，对居民的主观幸福感状况进行了详细描述，从身心健康体验基本情况[包括人际适应体验(EAIR)、心理健康体验(EMH)、身体健康体验(EPH)、目标价值体验(EGPV)、心态平衡体验(EPB)]与享有发展体验基本情况[包括知足充裕体验(ESAB)、社会信心体验(ECS)、成长进步体验(EGP)、自我接受体验(ESAC)、家庭氛围体验(EFA)]两方面十个维度进行了分析；最后，对幸福自我评价和幸福感标准进行了评分，将城乡居民生活幸福感量化。第六部分主要介绍了司法接触和法律信任，综合描述了山东省城乡居民日常生活中法律接触、司法接触的可能性和频繁度，以及居民对法律执行和司法部门的认知和态度，并通过不同群体的描述定量反映了山东省城乡居民的法律意识和司法认知。第七部分主要介绍了创新创业，主要是对山东省城乡居民的创新创业态度、创新意愿、创新实践及对创业环境的感知进行了描述，进一步反映了山东省社会创新活力及潜能。第八部分主要介绍了互联网视角下的治理与发展，重点刻画了居民的上网普及率、频繁度、上网用途、上网时间等，对居民网络行为和互联网认知进行了描述，反映了新时代山东省城乡居民对网络的态度和理解。附录主要包含了不同部分涉及的山东综合社会调查问卷的内容，供读者参考、使用。

本书各部分的分工如下：

第一部分：杨大利、刘琳

第二部分：尉建文、李进涛

第三部分：刘浩、楼苏萍

第四部分：楼苏萍、刘浩

第五部分：张干群、冷安丽

第六部分：孙宗锋、刘华兴

第七部分：侯麟科、王乙杰

第八部分：俞少宾、张宏发

最后由杨大利和刘琳对全书进行了统稿。

编　者

目　录

1　调查综述

1.1　项目概况

山东综合社会调查(Shandong General Social Survey,SGSS)是由山东大学公共治理研究院联合中国人民大学中国调查与数据中心、山东大学政治学与公共管理学院、共青团山东大学委员会和其他学术机构共同开展的综合性、连续性大型社会调查项目。山东综合社会调查项目运用严谨的科学抽样和入户访谈,通过计算机辅助完成问卷调查,旨在建立反映山东省综合社会发展变动趋势的资料数据库。该数据库可为山东省经济社会发展中具有重大理论和实践意义的公共治理问题的解决提供数据支持,并为高质量、有创新性的研究成果及政策建议提供资料依据。山东综合社会调查是一项具有深远影响的基础性社会科学调查活动,是山东省一项重要的"数据基础设施"建设项目。

此次调查以2010年第六次人口普查的基础数据和行政区划为基准,采取PPS(Probability Proportionate to Size Sampling)抽样方法,从全省17个地级市(截至2018年12月)的140个县(市、区)中抽取了52个样本县(市、区),每个县(市、区)抽取了4个社区。以县(市、区)为单位的调研队伍对208个社区中的样本居民户进行调查,系统地采集家庭情况、社会网络等各层次的数据。与此同时,基于调研人员每天实时上传的统计数据,调查团队进行即时的数据分析与电话核查工作,做好调查质量控制。

山东省人口约1亿,是我国的人口、经济大省。山东省一直注重城乡融合发展,不断深入推进以人为核心的新型城镇化。2016年,山东省常住人口城镇化率已经达到59.02%，增幅位居全国前列，城乡面貌日新月异。但随着城镇化速度的加快和社会结构的变化，山东省也面临着不同领域的问题与挑战，如农村转移人口市民化进程加快对社会基本公共服务质量提出了更高要求，对医疗卫生、教育、基础设施等公共资源产生了更大压力。这些问题的解决需要高质量的社会调查提供翔实的数据支持。

本项目有助于提升山东大学的人才培养能力，为山东经济社会发展中的重大理论和政策问题提供相关数据资料，有助于描述、分析、总结山东经济社会发展变迁的趋势和规律，最终形成高水平、有特色的研究成果及政策建议，为山东省的经济社会发展建言献策。

1.2 调查数据说明及处理

1.2.1 调查数据内容

山东综合社会调查问卷是由山东大学公共治理研究院主导，在中国人民大学中国调查与数据中心协助下设计完成的，主要内容共包含了A、B、C、D四个部分。A部分包括人口属性、住房、健康、生活方式、社会态度、个体认知能力、劳动力市场、社会保障、家庭、创新与创业等十几项内容；B部分包括法律接触、法律信任、司法接触等内容；C部分包括社会网络、网络社会两大内容；D部分主要是家庭问卷，涉及家庭消费支出、希望/乐观、主观幸福感等。综上，调查问卷非常详尽地了解了城乡居民生活、工作、学习、社会网络等内容。

1.2.2 调查工作及数据处理

山东综合社会调查对社区居民采用了分层、四阶段不等概率抽样。具体内容包括：以区(地级市、省会城市和直辖市的各大城区和郊区)、县(包括县级市)为初级抽样单位；以乡镇、街道办事处为二级抽样单位；以居民委员会、村民委员会为三级抽样单位；以家庭住户为四级抽样单位，并在每户中确定1人为最终抽样样本。

根据行政区资料，山东省共17个地级市(截至2018年12月)、140个县级行政区，包括49个市辖区、31个县级市和60个县。山东综合社会调查将这些县(市、区)单位作为初级抽样单元(PSU)构成调查总体,设计不同抽样框。以人口规模作为辅助变量采用 PPS 不等概率抽样,对县(市、区)、街道办事处和村(居)委会进行抽样,对社区居民采用 Kish 表随机抽样。

调查团队先后组织核图员对抽样区进行核图,确定各抽样社区绘图的准确性,通过调查员进行实地调研的方式完成不同地区受访户的问卷调研工作。调查问卷统一采用电子信息系统作答,保证了问卷填写的规范性和统一性,对数据质量起到了重要的保障作用。同时,调查团队设置了督导员和问卷数据核查组,实时跟踪、检测调查问卷数据质量,并及时反馈处理,对不合格问卷进行完善或剔除,确保调研工作高质量完成。最后,由数据核查员对山东综合社会调查数据进行清理,确保问卷数据的代表性,形成了一套完整、有效的山东综合社会调查数据库。

2 城乡社区基本概况

社区(Community)的概念最早由德国社会学家 F. 滕尼斯于 1881 年提出，用于描述具有共同的习俗和价值观念的同质人口组成的、关系密切的社会团体或共同体(Burke,1987)。20 世纪 30 年代,中国学者费孝通先生在《社区建设之思考》一书中将社区翻译为“地缘组织的人类共同体”(黄蕾,2017)。国外社区发展较早,在工业革命与信息革命的带动下,城市建设推动了社区的发展,城市与乡村共同进步,形成了一系列完善的城乡社区模式(Smith,1910;Maurer,1928;Desmond,1938)。而在改革开放以后,中国的社区发展才逐步引起政府与学者的关注。

社区首先在城市中推广,模仿国外社区的发展模式,将从事工商业及其他非农业劳动的人口组成多种社会关系和社会群体(李景峰,2004;李东泉,2013)。1985 年,政府为改善农村基础设施,提高农村生活水平,促使农村发展现代化,提出了星火计划,发展农村社区(李宝恒,1986;游清泉,1986)。由于社区发展较晚,后期盲目地追求社会经济效益,中国城市与农村社区相比于国外社区发展存在着明显的不足,社会管理与发展过程中存在着诸多问题,社区治理便成为学者与政府关注的焦点。社区是社会治理的基石,推进社区建设是提高城市建设管理水平的重要抓手,是保障和改善民生的重要内容,社区发展是社区研究的重要概念之一。本部分内容主要介绍山东省抽样调查获取的 182 个社区情况,从人口、资源、经济、基础设施、就业、社会保障等方面进行综合描述,展示山东省城乡发展现状。

2.1　社区组织状况

在山东综合社会调查的182个被访社区中,农村社区共有138个,占总量的75.82%;城市社区共有44个,占总量的24.18%。城乡社区比接近1∶3,山东省抽样的农村社区比重远高于城市社区(见图2-1)。

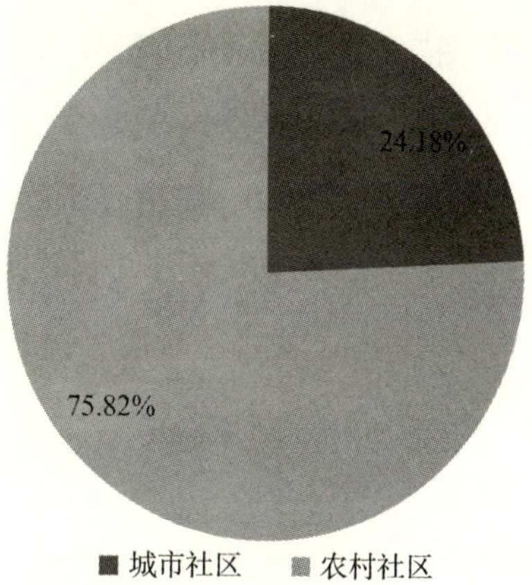

图2-1　城乡属性

根据社区委员会成立时间的调查结果,如图2-2所示,城市社区的居委会大多数成立于2000年以后,占城市社区总数的68.29%,其中2008年成立的社区居委会数量最多,数量为5个。农村社区的村委会成立的时间较早,主要表现为两个阶段的高峰期:1949～1955年,中华人民共和国刚成立,百废待兴,产生了大量的村庄,共有13个村委会成立,占农村村委会总数的14.77%;1978～1986年,共有47个村委会成立,占53.41%。改革开放与农村制度改革促使大量的新型村庄形成,85.23%的农村成立于2000年以前。

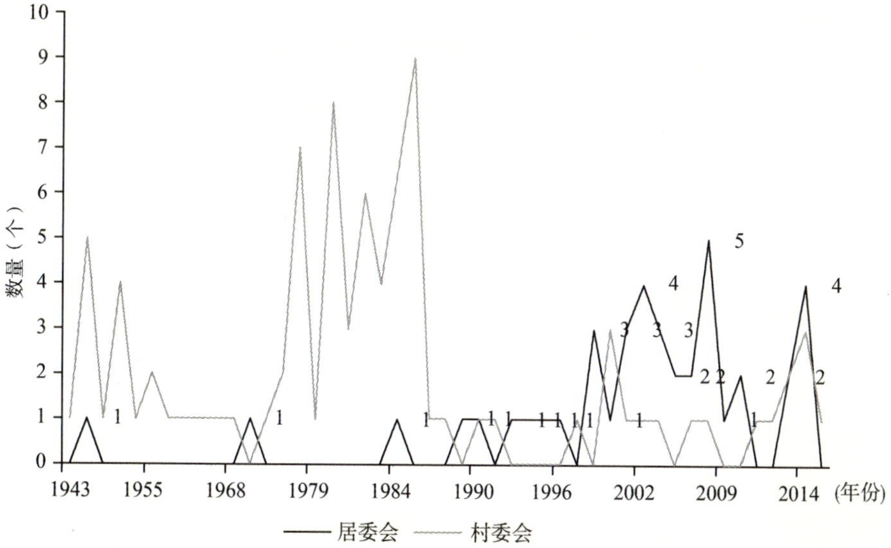

图2-2　居委会、村委会成立时间

社区内组织构成调查结果显示，60.44%的村(居)委会具有村(居)民文体组织(见图 2-3)，其次为村(居)民志愿者组织，比重为 33.52%。而社区业主委员会、农业协会和物业公司组织等的比重较小，分别为 17.03%、21.43%和 25.27%。村(居)委会中拥有 4 类以上组织的数量较少，比重仅为 3.30%，而同时拥有物业公司和业主委员会的比重仅为 15.38%(见图 2-4)，由此可以说明，山东省村(居)委会中基础服务组织全面覆盖程度较低。

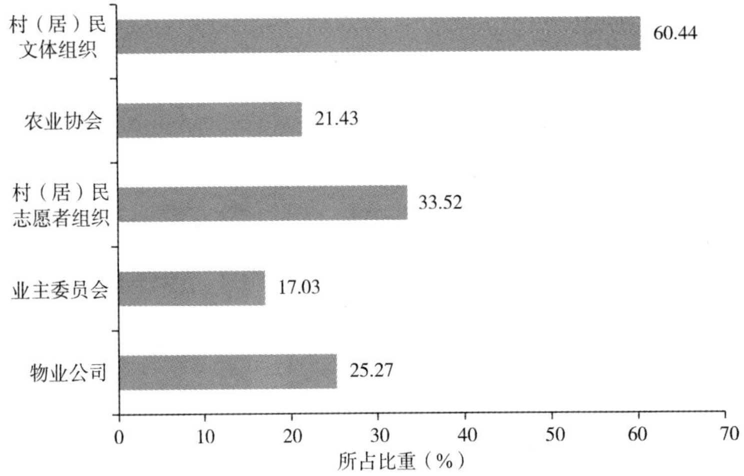

图 2-3　社区内组织分布情况

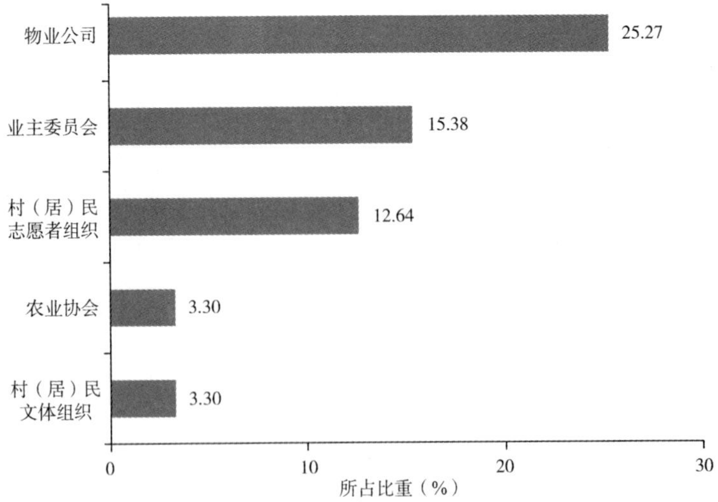

图 2-4　社区内组织数量分布(累计)情况

根据山东省村(居)委会选举产生的时间分布,97.72%(见图2-5)的社区委员会产生在2012年以后,其中2014年选举产生的比重较大,为64.00%。根据2017年10月中共中央办公厅印发的《关于党的基层组织任期的意见》,农村与城市社区的党委员会、总支部委员会、支部委员会每届任期为5年。因此,以2017年为调查起点,大多数社区村(居)委会的委员仍然在任期内。2012年之前的社区村(居)委会比重为2.28%,根据国家法律法规,此部分社区村(居)委会已经过了换届选举的时间。

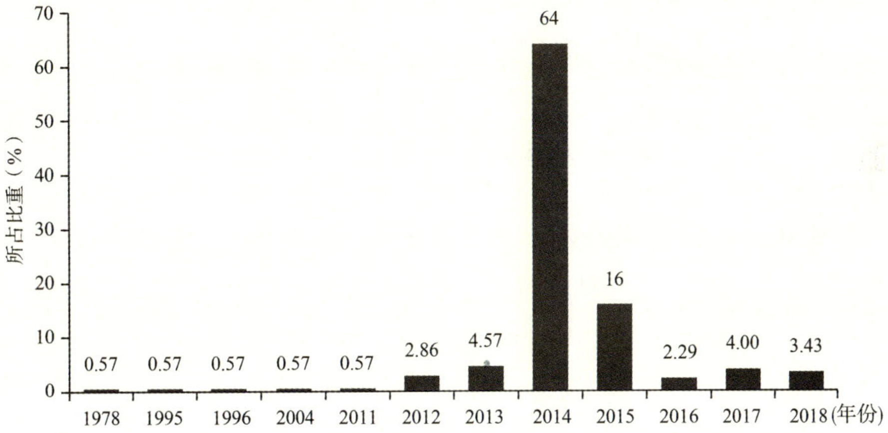

图2-5 村(居)委会最近一次选举年份

2.2 人口经济状况

山东综合社会调查中城乡社区的平均户数为875户、3229人,其中最高值为6120户、22800人,最低值为59户、160人,城乡社区居民户数差异巨大。从山东省户规模可以看出,低于500户的社区数量最多,比重为59.34%,而高于2000户的社区比重为15.38%;从人口规模看,1000人以下的社区比重为30.76%,1000~2000人的社区比重为40.11%,5000人以上较大规模的社区共有28个,占总数的15.38%。山东省城乡居民社区人口规模存在较大的差异,分布不均匀(见图2-6)。

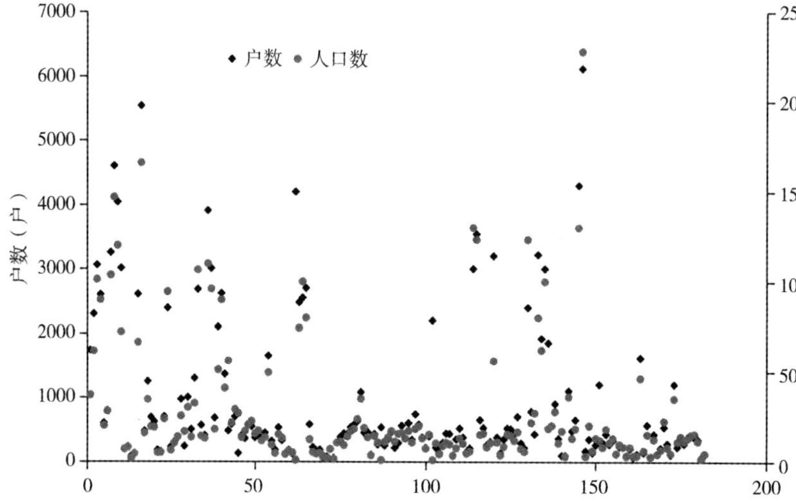

图 2-6 村(居)委会社区居民户与人口规模分布

农村社区中大姓氏数量主要集中在 1～4 个,比重分别为 26.32%、22.56%、20.30%和 16.54%(见图 2-7)。大的姓氏家族数量超过 5 个的比重仅为 9.02%。在大姓氏人口统计中,百分比分布比较均匀,其中大姓氏人口规模在 20.00%～40.00%的农村社区数量最多,比重为 24.00%,大姓氏人口规模在 0.00%～20.00%的农村社区数量最少,比重为 12.80%。农村社区具有明显的宗族特征,多呈现出同姓氏族群居住的模式(见图 2-8)。

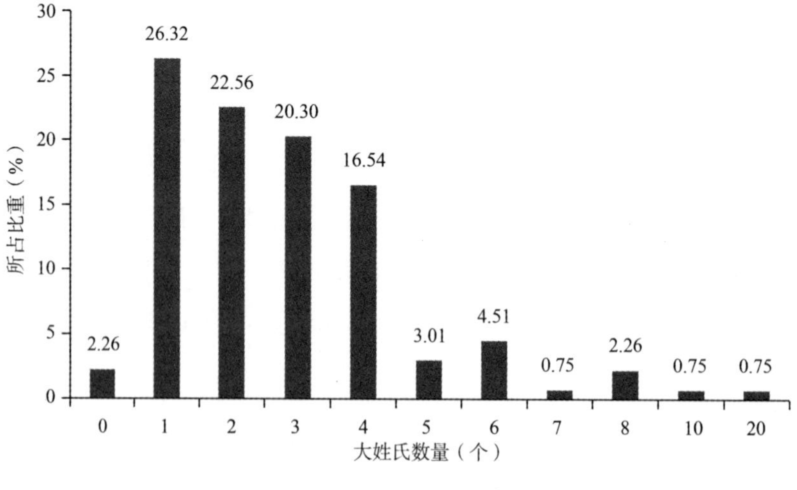

图 2-7 农村社区大姓氏数据

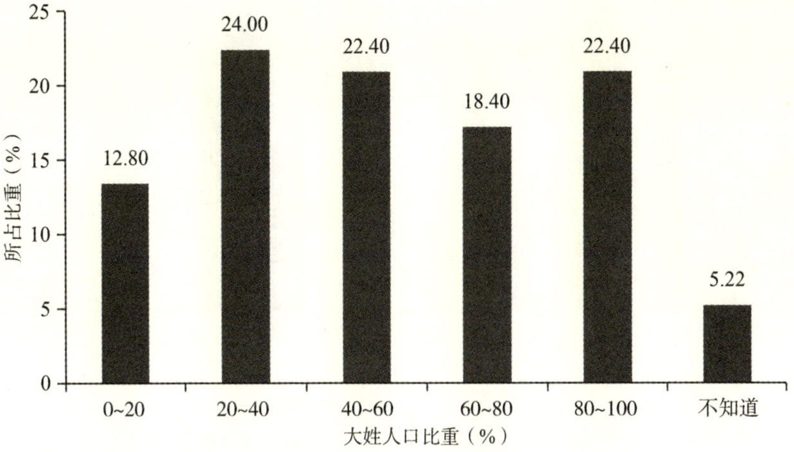

图 2-8 第一大姓人口比重

山东综合社会调查利用农业生产总值、非农业生产总值和人均年收入来描述农村社区的经济发展状况。其中农业生产总值在 500 万元以上的农村社区比重为 15.67%，而农业生产总值低于 100 万元的农村社区数量较多，占总数的 55.97%；非农业生产总值高于 500 万元的农村社区比重为 11.28%，相比农业生产总值比重较小，非农业生产总值低于 100 万元的农村社区比重为 76.69%，高于农业生产总值所占比重。由此可以推断，山东省农村社区当前的收入仍然以农业生产为主，非农生产在农村社区总产值中所占的比重依然处于较低水平，部分农村社区有待进一步提升非农生产水平。农村社区总体人均年收入为 6738.4 元，其中 24.63%的农村社区高于 10000 元，46.27%的农村社区低于 5000 元，与山东省 2017 年农民人均年收入 15118 元相比仍有很大差距。农村社区的经济发展水平有待进一步提高(见图 2-9)。

2.3 资源状况

如图 2-10 所示，山东综合社会调查所选择的农村社区所处的地形以平原为主。61.31%的农村社区处于平原地区，其次为丘陵地区，比重为 29.93%，岛屿地区比重最小，仅为 2.19%。这主要与山东省中西部为平原、东部为山地丘陵的地形地貌特征有关。

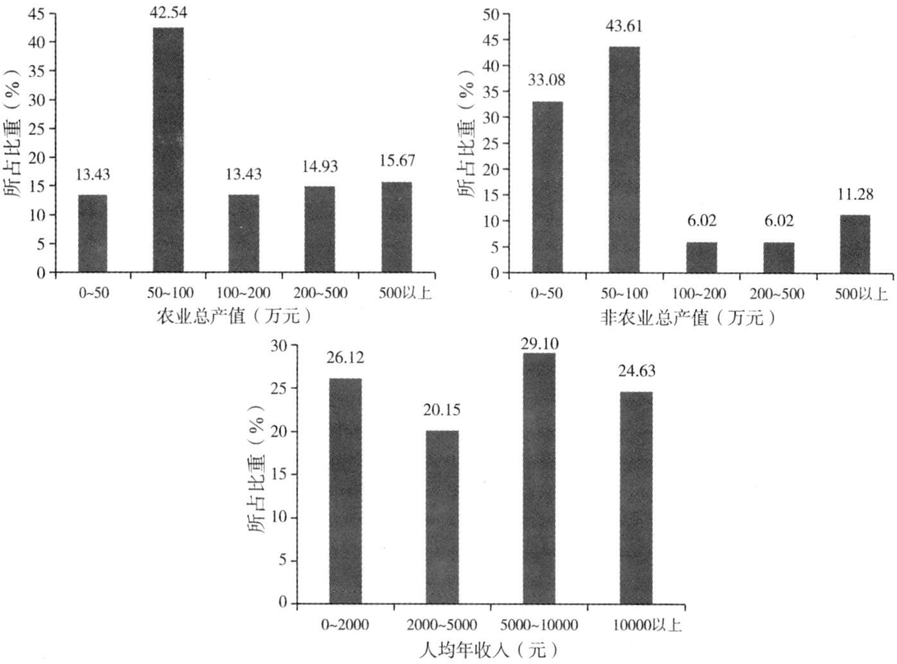

图 2-9　社区经济特征

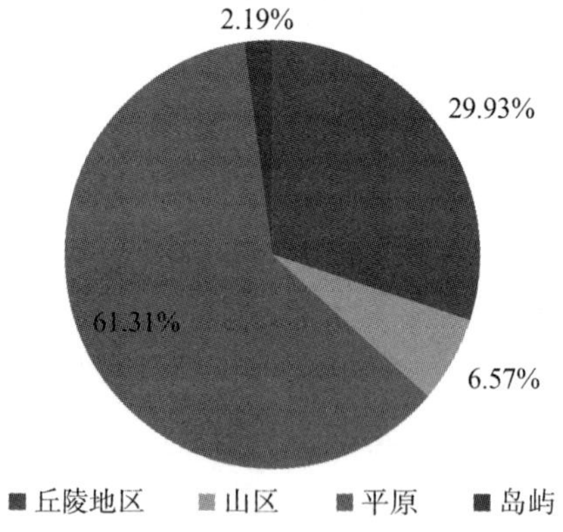

图 2-10　农村社区地理情况

2017 年,山东省 95.37%的农村社区人均耕地面积为 0～2 亩,仅有 4.63%的人均耕地面积超过了 2 亩[见图 2-11(1)],人均耕地面积不足 1 亩的比重为 88.89%,充分显示了山东省耕地资源稀少的特征。在山地资源方面,有 91.04%的农村社区人均山地面积为 0～2 亩，仅有 8.96％的人均山地面积超过了 2 亩[见图 2-11(2)]。林地资源则更为匮乏，96.33％的农村社区人均林地面积低于 2 亩[见图 2-11(3)]。96.36％的农村社区人均水域面积为 0～1 亩，超过 1 亩的比重仅为 3.64％[见图 2-11(4)]。山东省农村社区的农用地稀缺，受庞大的人口规模影响，人均耕地、林地与水域面积均低于国家平均水平。

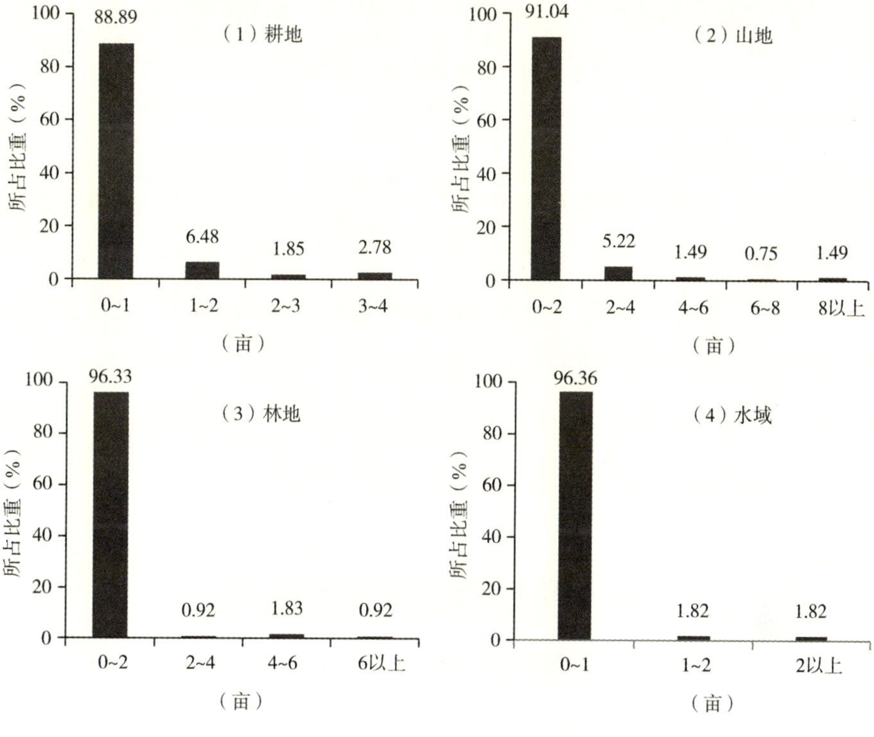

图 2-11 人均资源分配情况

在农村社区中，具有矿产资源的社区数量占总数的 8.03％(见图 2-12)。此部分农村社区的人均年收入为 7120 元，高于全部农村社区人均纯收入的 6738.4 元。具有风景资源的农村社区比重为 16.79％，其人均年收入为 8438 元。处于自然灾害频发区的农村社区比重为 10.29％，其人均年收入仅有 3985 元，远低于总体平均水平。矿产资源与风景资源对于农村社区的经济发展具有较大的促进作用，而自然灾害对农村社区的经济发展具有极大的限制作用。

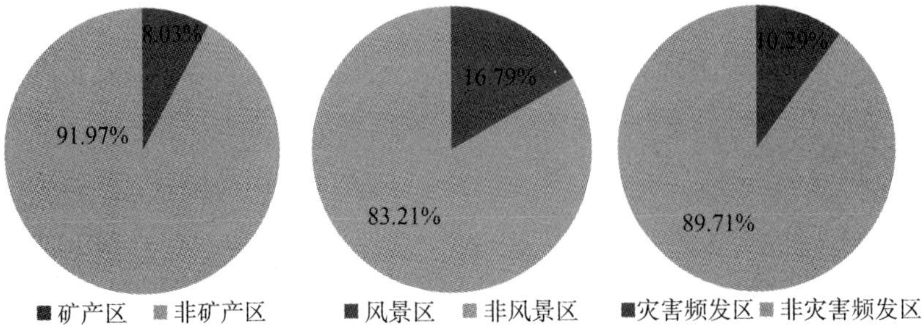

图 2-12　农村社区自然禀赋特征

饮用水资源是现代社会最为重要的生产、生活资源之一，其质量在一定程度上反映了社区的社会、经济发展水平。如图 2-13 所示，本次调查的城乡社区饮用水资源以自来水为主，比重为 77.65%，整体的水源质量、安全情况良好。此外，部分农村社区把井水作为主要的饮用水资源，比重为 18.99%。山东省城乡社区自来水普及率较高，饮用水资源有保障。

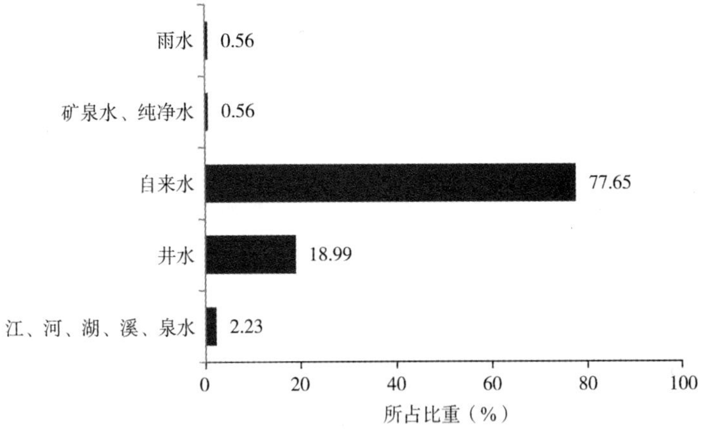

图 2-13　主要饮用水资源

对于居民的日常生活而言，家庭使用的燃料也是重要的资源。如图 2-14 所示，社区居民日常生活中使用的燃料资源以煤气(液化气)、天然气为主，比重为 57.49%；使用太阳能、电作为主要燃料的社区数量为 23 个，比重为 12.58%。由此可见，山东省社区的清洁、安全能源的推广情况较为理想。同时，使用柴草、煤炭等传统高能耗、高污染资源作为燃料的情况仍然存在，比重为 29.94%，且以农村社区为主。农村社区的清洁能源与新型能源的普及率仍需进一步提高。

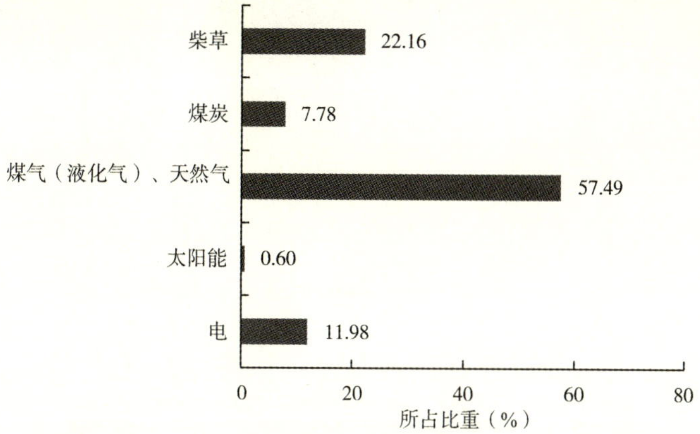

图 2-14 主要燃料资源

2.4 设施保障状况

根据社区的水、电、路、邮、广播等基础设施建设情况的调查，广播、邮、电、路、水、电话等的第一次最高点出现在 1978 年以前，比重分别为 58.99%、58.66%、41.43%、31.28%、8.29%和 18.99%（见图 2-15），大部分社区在改革开放前就已经完成了广播、邮、电“三通”的基础设施建设，而路、水、电话“三通”的建设主要集中在 1978 年以后。社区通互联网的高峰出现在 2000 年以后，2010 年为最高点，比重为 12.43%。同时，通路在 2012 年又出现了一次高峰，比重达到了 56.00%，远高于改革开放初期的道路建设。这与后期国家为加强道路的基础设施建设而实施的社区道路硬化政策相一致。

在城乡居民社区调查所涉及的 14 种公共设施中，覆盖最全面的设施有便利店（小商店/小卖部）、健身场所和医院，比重分别为 92.86%、79.67%和 78.57%；其次是图书馆、老年活动室和幼儿园，比重分别为 59.89%、57.14%和 50.00%（见图 2-16）。上述 6 种设施与城乡居民生活、教育、医疗等领域息息相关，也是城乡社区所必备的。同时，具备小学的城乡社区比重为 35.16%，具备托老所、养老院的城乡社区比重均为 16.48%，相对稀缺。山东省城乡社区日常生活与基础医疗设施比较健全，覆盖度高，能够满足城乡居民生活所需，而基础教育、老年保障设施比较薄弱,覆盖度较低。

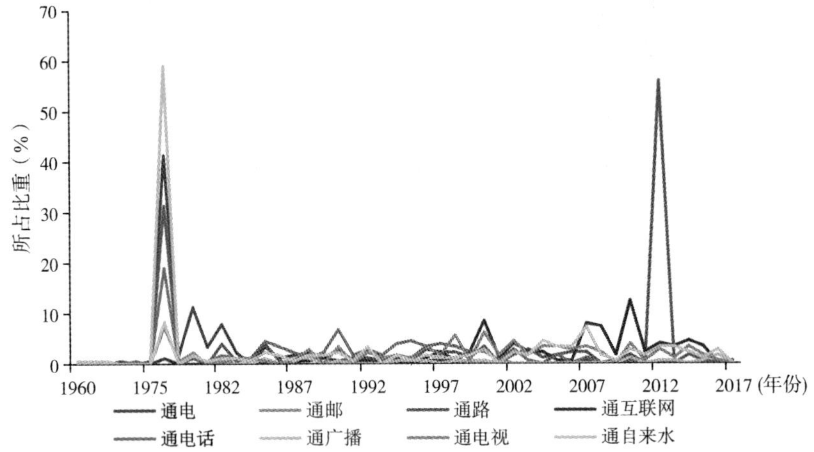

图 2-15　主要基础设施建设情况

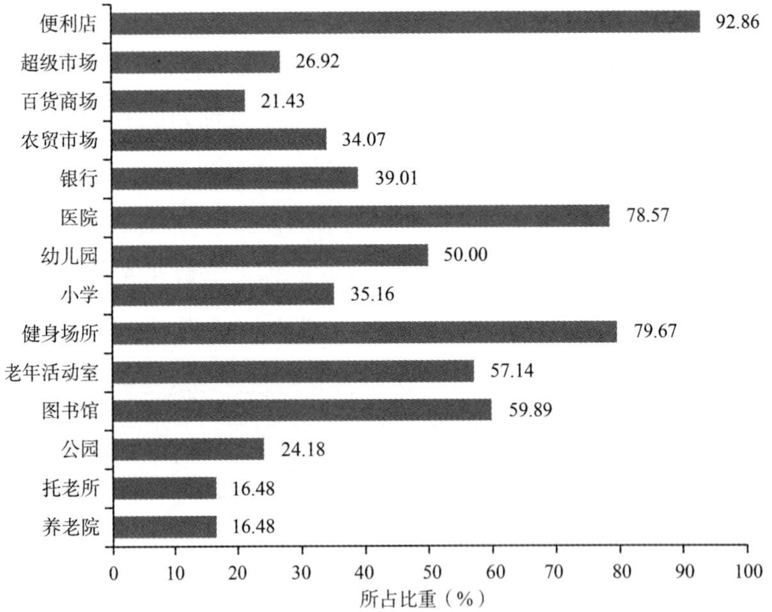

图 2-16　公共设施设置情况

城乡社区交通便利情况的调查结果显示,从村(居)委会办公地点出发到多个设施、机构的平均距离均在2千米以上。其中距离小学、银行、医院和邮局等较近，均低于 4 千米，较为便利；而距离火车站最远，为 30.18 千米，其次是长途汽车站与高中，分别为 15.05 千米和 14.9 千米。山东省城乡居民到长途交通设施的距离较远，出行较远时交通便利度低(见图 2-17)。

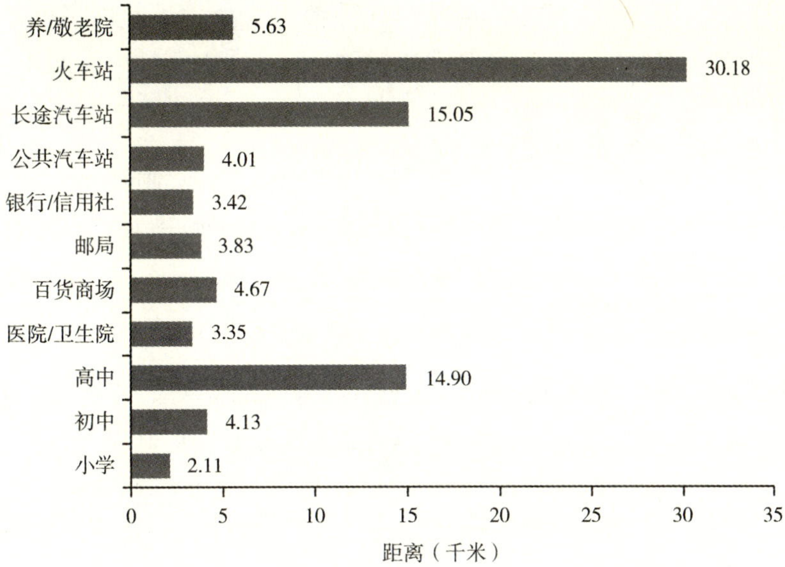

图 2-17　社区交通便利性

居民参与新型农村合作医疗比重主要集中在 90.00%～100.00%，占农村社区总数的 61.76%，参与程度相对较高，但是仍有 26.47%的社区新型合作医疗参与比重低于 80.00%，与国家要求的全面新型合作医疗全方位普及(95.00%)还有一定的距离。农村社区参与养老保险的比重较小，其中参与程度不足 50.00%的农村社区数量较多，比重为 52.94%，而参与程度高于 90.00%的农村社区比重仅为 19.85%。城乡居民参与社会最低生活保障(低保户)低于 1.00%的社区比重为 43.96%，参与度高于 3.00%的社区比重为 20.33%。山东省农村社区的基本医疗普及度较高，养老保险的普及度较低，仍需进一步提高，享受最低生活保障的居民相对较少(见图 2-18)。

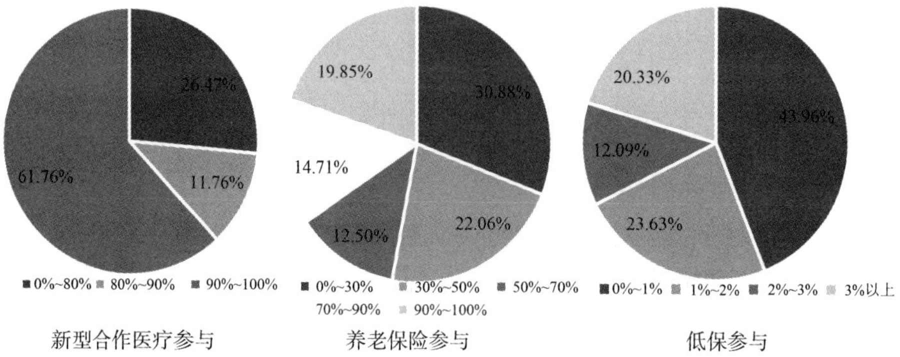

图 2-18　城乡居民新型农村合作医疗、基本养老保险与最低生活保障参与状况

2.5　劳动就业状况

农村社区劳动力状况调查结果显示，农业劳动力比重达 70.00%以上的农村社区数量为 63 个，占总数的 48.09%，农业劳动力比重达 50.00%以上的农村社区占总数的 67.17%[见图 2-19(1)]。其中，女性农业劳动力占总的农业劳动力比重集中在 40.00%～50.00%的农村社区占总数的 48.03%，而比重高于 60.00%的农村社区占总数的 8.66%，农村社区女性农业劳动力的比重较小。在外出务工的劳动力中，71.76%的农村社区的劳动力外出比重维持在 30.00%以内，外出务工的劳动力比重大于 70.00%的农村社区占总数的 12.98%。山东省农村社区劳动力充足，而外出务工劳动力与女性农业劳动力的比重均较小，大部分农村社区的劳动力以在村务工为主。

在山东省城乡社区中，失业率低于 5.00%的社区比重为 78.57%，处于稳定水平，失业率高于 10.00%的社区比重为 12.09%，4.40%的社区失业人口比重超过了 30.00%。山东省城乡社区居民就业比重整体较大，部分社区中的居民仍处于较高的失业状态，就业压力较大(见图 2-20)。

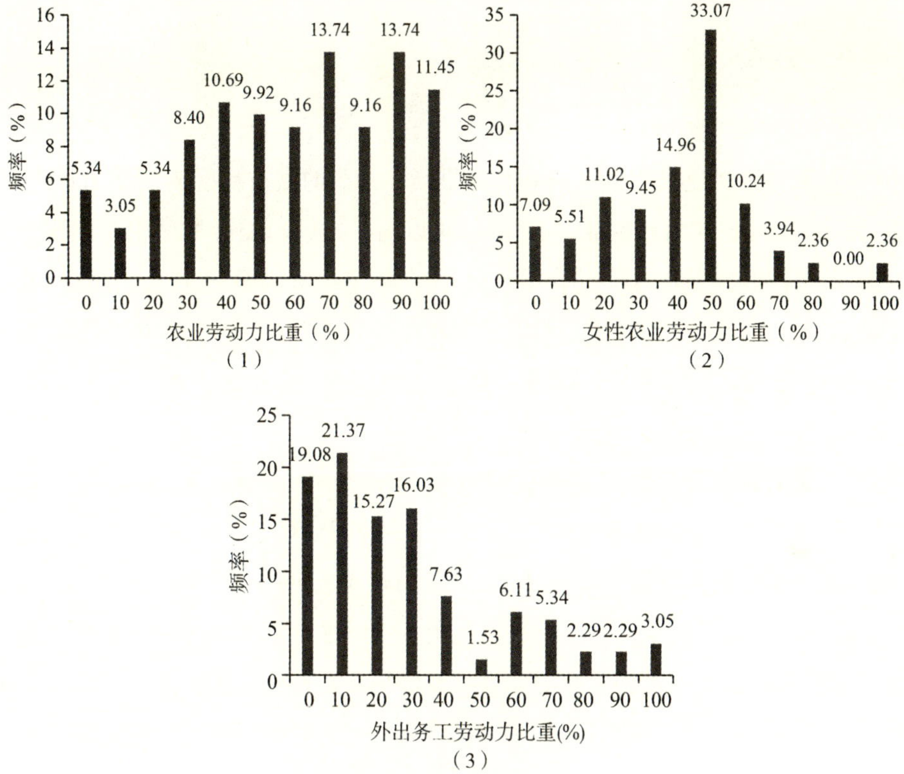

图 2-19　劳动力特征

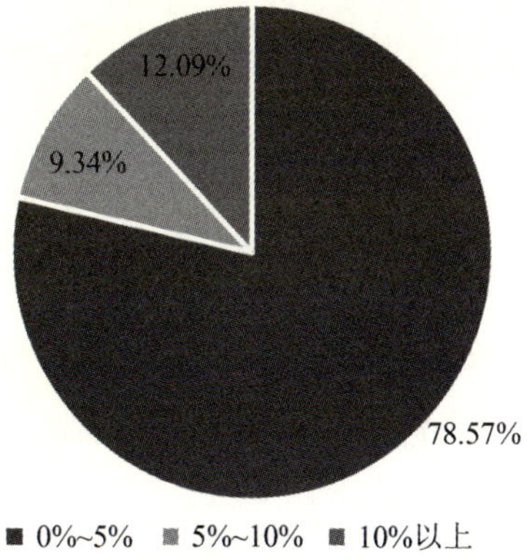

图 2-20　城乡社区失业率

2.6 小结

本部分的要点总结如下：

(1)农村社区相比城市社区成立时间早,68.30％的城市社区成立在 2000 年以后,而 85.20％的农村社区成立在 2000 年以前。村(居)委会社区中基础服务组织全面覆盖程度较低。同时拥有村(居)民文体组织、村(居)民志愿者组织、社区业主委员会、农业协会、物业公司组织等社区的比重仅为 3.30％,其中拥有文体组织比重最大,为 60.44％,拥有社区业主委员会、农业协会的比重分别为 17.03％、21.43％。

(2)山东省城乡社区人口规模的最高值为 6120 户、22800 人,最低值为 59 户、160 人,差异明显,分布不均匀。85.72％的农村社区具有 1～4 个大姓氏人口,农村社区具有较为明显的宗族特征,呈现同姓氏族群的居住模式。2017 年,农村社区农民人均年收入为 6738.4 元,远低于全省农民人均年收入;非农业生产总值低于 100 万元的农村社区比重为 76.69％,农业生产总值低于 100 万元的农村比重为 55.97％。部分农村社区仍然以农业生产为主,经济发展水平较低。

(3)2017 年,山东省人均耕地面积低于 1 亩的农村社区比重为 88.89％,超过 90.00％的农村社区人均林地面积、水域面积和山地面积低于 2 亩,低于国家平均水平,与山东省人多地少的特征一致。77.65％的城乡社区中,饮用水资源以自来水为主,18.99％的农村社区以井水为主,饮用水基本处于安全状态。燃料资源使用以煤气(液化气)、天然气、太阳能等为主的城市社区比重为 70.07％,说明城市清洁、安全能源已得到普遍推广,而仍有 29.94％的农村社区以柴草、煤炭等传统高能耗、高污染资源作为主要燃料,农村社区的清洁、安全能源普及率仍需进一步提高。

(4)山东省农村社区的水、电、路、邮、广播等“五通”基础设施于 1978 年前完成;2012 年出现了道路硬化建设的高峰,农村社区比重为 56.00％,与国家政策实施相一致。公共服务设施中便利店(小商店/小卖部)、健身场所、医院比重较大,分别为 92.86％、79.67％和 78.57％;托老所、养老院等保障服务设施的比重仅为 16.48％,说明山东省城乡养老机制有待进一步提升。农村新型合作医疗参与比重小于80.00%的农村社区占总数的26.47%，养老保险参与低于50.00%的比重为52.94%，山东省农村基本医疗仍未完全普及，养老保险的普及率更低。

(5)2017年，农业劳动力比重超过50.00%的农村社区占总数的67.20%，其中女性农业劳动力比重集中在40.00%～50.00%，外出劳动力比重维持在30.00%。山东省农村劳动力充足，外出劳动力比重较小。城市社区中失业率高于5.00%的比重为21.43%，部分社区的居民失业比重大，就业压力大。

参考文献

1. Burke C. Community and Society [J]. *Wajibu Journal of Science & Ethical Concern*, 1987, 2(2):1-3.

2. Desmond M J. Habitat Associations and Co-occurrence of Chihuahuan Desert Hares (Lepus californicus and L. callotis) [J]. *American Midland Naturalist*, 1938, 151(Apr 2004):414-419.

3. Maurer H H. The Lutheran Community and American Society: A Study in Religion as a Condition of Social Accommodation[J]. *American Journal of Sociology*, 1928, 34(2):282-295.

4. Smith J B. Insects and Entomologists: Their Relations to the Community at Large Annals of the Entomological Society of America Oxford Academic[J]. Annals of the Entomological Society of America, 1910, 3(1):12-14.

5. 黄蕾．我国新型农村社区治理研究[D]. 兰州大学博士学位论文，2017.

6. 李宝恒．“星火计划”和农村现代化[J]. 科技进步与对策，1986(6):51-51.

7. 李东泉. 中国社区发展历程的回顾与展望[J]. 中国行政管理，2013(5):79-83.

8. 李景峰，李金宝．中国社区发展的历史、现状及问题探析[J]. 长春理工大学学报(社会科学版)，2004(4):65-69.

9. 游清泉．教育要为农村实施“星火计划”培养急需人才[J]. 农业现代化研究，1986,7(4):31-33.

3　家庭与社会网络

家庭与社会网络，不仅关系到公众自身的生活幸福感和家庭的和谐稳定，而且对于维持人口平衡和社会稳定还有着重要影响。

早期国内学者对于家庭的研究主要集中在家庭规模、家庭结构以及人口变动对家庭变化的影响等方面(陈玉光等，1983；刘英，1984；马侠，1984；王跃生，2010)，自 20 世纪 90 年代中后期开始，学者们开始关注家庭权力、亲属关系和家庭网络的研究。在这个过程中，学者们逐渐将社会调查引进家庭问题的研究中，使用统计数据与量化分析结果来解读中国家庭的变迁(罗萍，1994；沈崇麟，2011；胡湛，2012)。社会网络是在家庭的基础上扩展开来的社交范围(唐灿等，2012)，可以被看作是一群特定人之间的所有正式与非正式的社会关系，包括人与人之间直接的社会关系以及通过物质环境和文化共享而结成的间接社会关系(王润平，2004)。同时，社会网络也可以被看作是社会资本的重要组成部分。在社会资本理论研究中提出社会网络的是 Jacobs(1961)，他将“邻里关系网络”作为社会资本进行城市社区研究。这种将社会网络视为社会资本的研究方法一直被沿用至今，并且成为当前社会资本的主要研究范式之一(田凯，2001；周红云，2002)。在中国著名社会学家费孝通看来，中国的社会关系是以自己为中心逐渐外推的，表明了自己与他人的亲疏远近，以血缘为纽带的宗族关系是中国农村最重要和最稳定的社会网络之一。总的来说，学界普遍认可社会网络是由公民个体由内而外衍生的社会关系和社会认识的社交范围。

本部分从家庭规模、婚姻状况、家庭资产、代际关系、家庭分工、家庭观念等方面调查分析山东省居民的家庭状况，从社会信任、社会福利态度、社会压力、社会联系等角度阐述山东省居民的社会网络状况。

3.1　家庭状况

家庭是社会最基本的单位，是社会进步和发展的基石，家庭的稳定关联着社会的可持续发展，家庭的发展是社会发展的重要支撑点和推动力。本节通过对家庭规模、婚姻状况、家庭资产、代际关系、家庭分工和家庭观念等层面的分析，展现山东省家庭的基本特征。

3.1.1　家庭规模

家庭规模主要反映了家庭成员的多少，是家庭成员关系、生存方式和家庭功能的直接体现，显示了民众的居住偏好和趋向，具有多方面的社会指向意义。调查数据显示，山东省平均家庭规模为 2.63 人，家庭人口数量以 2 人和 3 人为主，2 人家庭最多，占总数的 42.43%，其次是 3 人家庭，占总数的 21.06%，1 人和 4 人的家庭比重接近，分别是 14.46% 和 14.24%，5 人以上家庭累计比重为 7.83%（见图 3-1）。

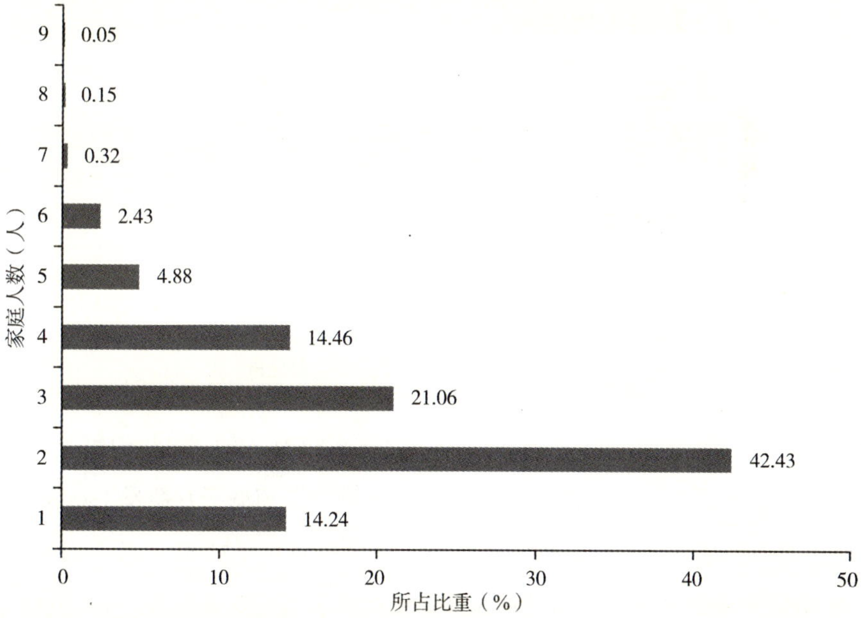

图 3-1　家庭规模频率图

在单人家庭的年龄分布上,60 岁以上老年人口比重为 67.11%。其中,70～79 岁的户数最多,为 150 户,占总数的 25.55%;其次是 60～69 岁的,占总数的 23.85%;90 岁以上的最少,占总数的 2.21%;30 岁以下比重为 9.88%。在 2 人家庭的年龄分布上,60～69 岁的户数最多,为 595 户,占总数的 34.17%;其次是 50～59 岁的,占总数的 25.31%;30 岁以下比重 3.77%。山东省城乡社区中的单人家庭以独居老人为主,2 人家庭中老年人比重较大,在人口老龄化的大背景下显得尤为紧迫,养老问题已经成为全社会面临的重要挑战(见图 3-2)。

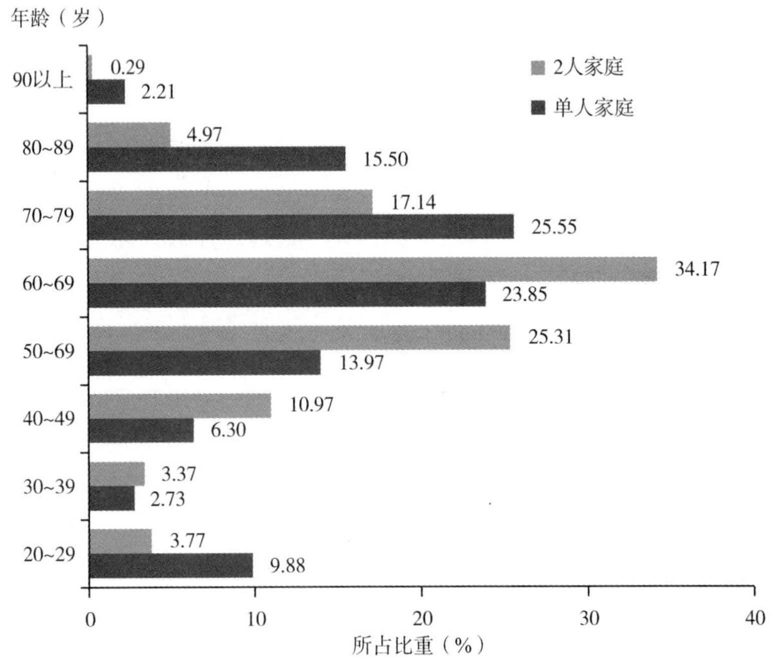

图 3-2　单人、2 人家庭人口年龄分段

在子女数量方面,山东省家庭的子女数量平均为 1.91 人,其中每个家庭儿女平均数量为 1.01(儿子)和 0.90(女儿)。农业户口家庭子女数量平均为 2 人,非农业户口家庭子女数量平均为 1.4 人。在山东省城乡社区中,男性比重大于女性,农业户口比非农业户口的居民倾向于要更多的子女。

3.1.2 婚姻状况

婚姻状况对家庭的形成、稳定和长久发展具有重要意义。本调查询问了居民的婚姻状况、与配偶或同居伴侣是否居住在一起及初婚时间。

调查结果显示，城乡居民有过婚姻经历的比重为 92.16%。其中，79.62%的居民家庭属于初婚有配偶的婚姻形式，再婚有配偶的比重为 1.26%，分居未离婚的比重为 0.22%，丧偶的比重为 10.16%，离婚的比重为 0.90%，同居但未婚的比重为 1.26%（见图 3-3）。

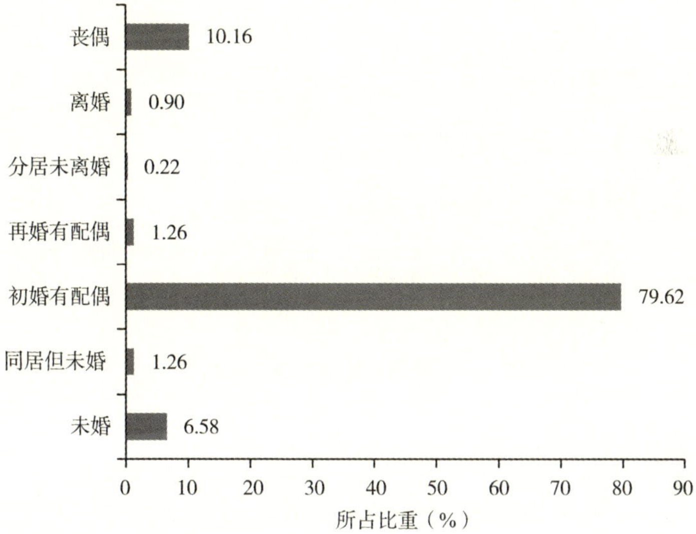

图 3-3 婚姻状况分布情况

目前，与配偶或同居对象居住在一起的社区居民比重最大，为 89.53%。10.47%的家庭分开居住。其中，4.88%的居民与配偶或同居对象不住在一起，但在同一个城市；2.13%的居民与配偶或同居对象不住在一起，但在同一个省的不同城市，居住在不同省的比重为 3.37%，居住在不同国家的比重为 0.09%（见图 3-4）。

山东省城乡社区居民的平均婚龄为 23.64 岁。其中，男性的平均婚龄为 24 岁，女性的平均婚龄早于男性，为 23.18 岁。农业户口的平均婚龄为 23.3 岁，非农业户口的要晚于农业户口的居民，为 24.97 岁。《中华人民共和国婚姻法》规定:男方结婚年龄不得早于 22 周岁、女方不得早于 20 周岁。山东省的男女平均婚龄均符合该规定。

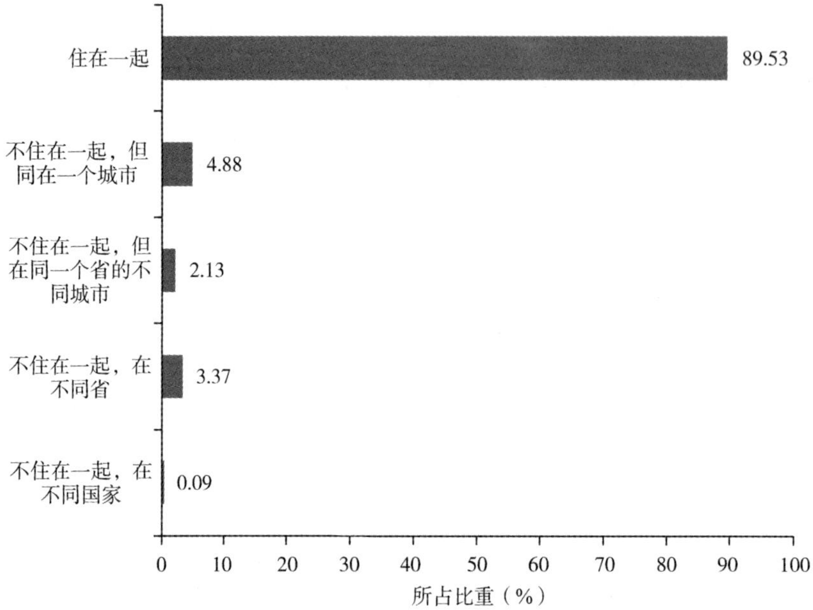

图 3-4　与配偶或同居对象居住情况

3.1.3　家庭资产

山东省城乡居民平均全年家庭总收入为 62555.87 元。其中,农村社区居民的平均全年家庭总收入为 52810.7 元,城市社区居民的平均全年家庭总收入为 139826.1 元。城市社区居民的家庭总收入是农村社区居民的 2.65 倍,城乡居民家庭收入具有较大差异。

本调查将居民家庭经济状况划分为五档,包括远低于平均水平、低于平均水平、平均水平、高于平均水平、远高于平均水平。93.25％的社区居民认为自己家庭经济状况处于平均水平及以下。其中,56.88％的居民认为自己家庭经济状况处于平均水平,30.25％的居民认为自己家庭经济状况低于平均水平,认为自己家庭经济状况远低于平均水平的比重为 6.12％,仅有 6.76％的居民认为自己家庭经济状况处于平均水平以上。山东省城乡居民对自身的家庭经济状况认知处于低水平阶段(见图 3-5)。

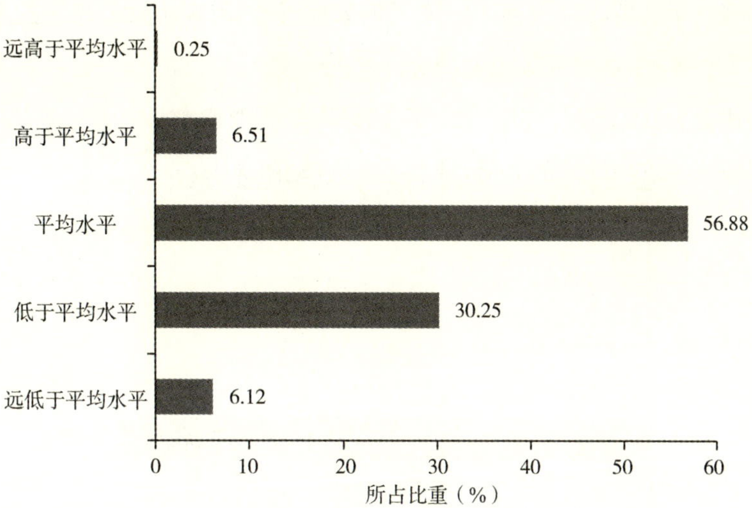

图 3-5　居民对家庭经济状况的认知

城乡居民中拥有 1 套房产的家庭比重最大，为 76.38%，没有房产的家庭比重为 4.31%，拥有 2 套房产的家庭比重为 14.71%，仅 2.46%的家庭拥有 3 套房产及以上。其中，农村社区家庭拥有房产的比重为 94.49%，城市社区家庭拥有房产的比重为 89.21%，低于农村社区。在山东省城乡社区中，93.36%的家庭拥有房产，超过 10.00%的家庭拥有 2 套及以上房产（见图 3-6）。

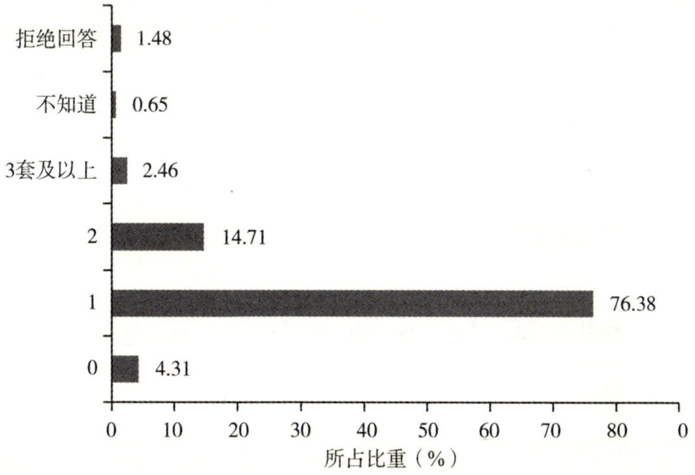

图 3-6　房产拥有数量

在家庭汽车的拥有率方面,70.52%的家庭没有汽车,仅 29.11%的家庭表示拥有汽车。其中,城市社区家庭拥有汽车的比重为 49.65%,农村社区家庭拥有汽车的比重为 24.56%。山东省社区家庭汽车普及率整体较低,城市社区家庭汽车普及率是农村社区的 2 倍,城乡差异大(见图 3-7)。

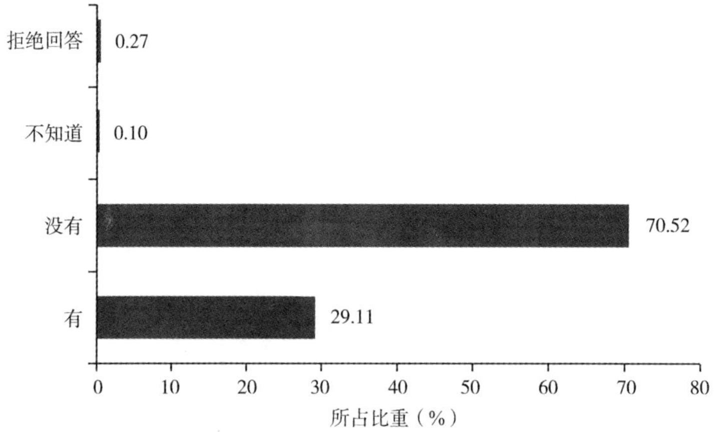

图 3-7　小汽车拥有数量

如图 3-8 和表 3-1 所示,94.41%的社区家庭没有进行过投资活动。在进行投资活动的家庭中,投资股票的家庭最多,比重为 49.35%,其次是基金,比重为 38.53%,投资债券的比重为 7.36%,其他各类投资活动的比重均未超过 5.00%。山东省城乡居民投资思想较为保守,从事投资活动的家庭较少,投资手段较为单一。

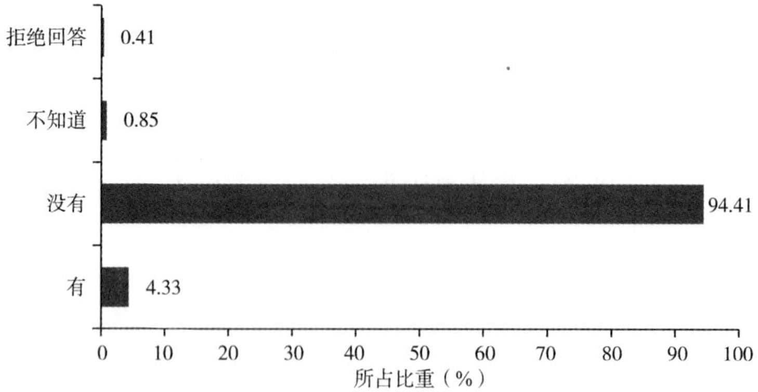

图 3-8　家庭投资状况

表 3-1 家庭投资类别

投资种类	样本(%)	应答(%)
股票	49.35	44.71
基金	38.53	34.90
债券	7.36	6.67
期货	2.60	2.35
权证	0.43	0.39
炒房	4.33	3.92
外汇投资	1.30	1.18
其他	6.49	5.88

3.1.4 代际关系

代际关系是家庭关系的重要组成部分。不同代际之间,即家庭人与人之间能否拥有一个和谐的关系,能否营造一个温馨、祥和的家庭氛围,对于家庭的正常运行具有十分重要的意义。

3.1.4.1 赡养老人

敬老爱老是中华民族的传统美德,法律赋予了子女赡养老人的责任和义务。赡养老人是指子女/晚辈对父母/长辈在物质上、生活上的帮助和情感上的扶持。对于不同阶段子女赡养双方老人的 6 个问题的看法,本调查提供了区分态度的 9 个维度,包括非常同意、相当同意、有些同意、无所谓同意不同意、有些不同意、相当不同意、非常不同意、不知道、拒绝回答。

关于未婚成年是否应该给自己父母赡养费的问题:针对未婚男性,同意的比重为 56.68%,其中非常同意的比重为 16.56%,相当同意的比重为 21.70%,有些同意的比重为 18.42%;不同意的比重为 26.48%,其中有些不同意的比重为 17.13%,相当不同意的比重为 6.07%,非常不同意的比重为 3.28%。针对未婚女性,同意的比重为 53.96%,其中非常同意的比重为 15.06%,相当同意的比重为 19.20%,有些同意的比重为 19.70%;不同意的比重为 27.12%,其中有些不同意的比重为 17.34%,相当不同意的比重为 6.00%,非常不同意的比重为 3.78%。山东省城乡居民对未婚成年赡养父母的态度较为一致,超过 50.00% 的城乡居民认为未婚成年应该给父母赡养费,也有 25.00%左右的城乡居民不同意未婚成年给父母赡养费。

关于已婚成年是否应该给父母或配偶父母赡养费的问题:针对已婚男性,83.16%的居民认为已婚男性应该给父母赡养费,仅 5.14%的居民认为不应该给父母赡养费;认为应该给配偶父母赡养费的比重为 75.80%,持不同意态度的比重为 7.85%。针对已婚女性,78.87%的居民认为已婚女性应该给父母赡养费,表示不同意的比重为 7.57%;认为应该给配偶父母赡养费的比重为 73.59%,不同意给配偶父母赡养费的比重为 8.85%。山东省城乡居民同意已婚成年给父母赡养费的比重比未婚成年高出 25 个百分点,75.00%左右的居民认为应该赡养父母或配偶父母;无论已婚男性或女性,同意赡养自己父母的比重大于赡养配偶父母,不同意赡养配偶父母的居民比重略大于赡养自己父母,可见,多数已婚成年更关注自己父母的赡养问题(见表 3-2)。

表 3-2　对老人赡养责任的态度

项目	自己父母				配偶父母	
	未婚成年男性(%)	未婚成年女性(%)	已婚男性(%)	已婚女性(%)	已婚男性(%)	已婚女性(%)
非常同意	16.56	15.06	25.48	23.34	20.70	19.77
相当同意	21.70	19.20	36.12	33.12	31.26	30.55
有些同意	18.42	19.70	21.56	22.41	23.84	23.27
无所谓同意不同意	15.06	17.20	10.06	11.85	14.28	15.49
有些不同意	17.13	17.34	3.93	6.00	6.14	7.28
相当不同意	6.07	6.00	1.00	1.21	1.50	1.50
非常不同意	3.28	3.78	0.21	0.36	0.21	0.07
不知道	1.57	1.50	1.36	1.43	1.64	1.64
拒绝回答	0.21	0.21	0.29	0.29	0.43	0.43

3.1.4.2　孝道观念

关于孝道观念的问题,主要从父亲权威、父母期望、传宗接代、孝敬父母等方面反映,共 9 个维度:非常同意、相当同意、有些同意、无所谓同意不同意、有些不同意、相当不同意、非常不同意、不知道、拒绝回答。

如图 3-9 所示,84.45%的居民同意“在家中父亲的权威无论如何都应该受到尊重”，其中，非常同意的比重为 24.13%。8.85%的居民不同意“父亲权威”的观点。关于父母对子女的期望问题，90.36%的居民同意“子女应该做些让父母有光彩的事”，不同意这种观点的比重仅为 3.64%。同时，39.40%的居民认为“如果面临冲突，应该放弃个人的志向，达成父母的心愿”，41.47%的居民不同意放弃个人的志向而达成父母的心愿。山东省城乡居民遵循传统的“父权为上”“父母之命”的观念，尊重父母，满足父母“望子成龙，望女成凤”的观念与期望。但是当个人志向与父母期望相违背时，更多的居民会选择自己的志向，居民正逐渐在摒弃传统观念的影响，形成自身的价值观。

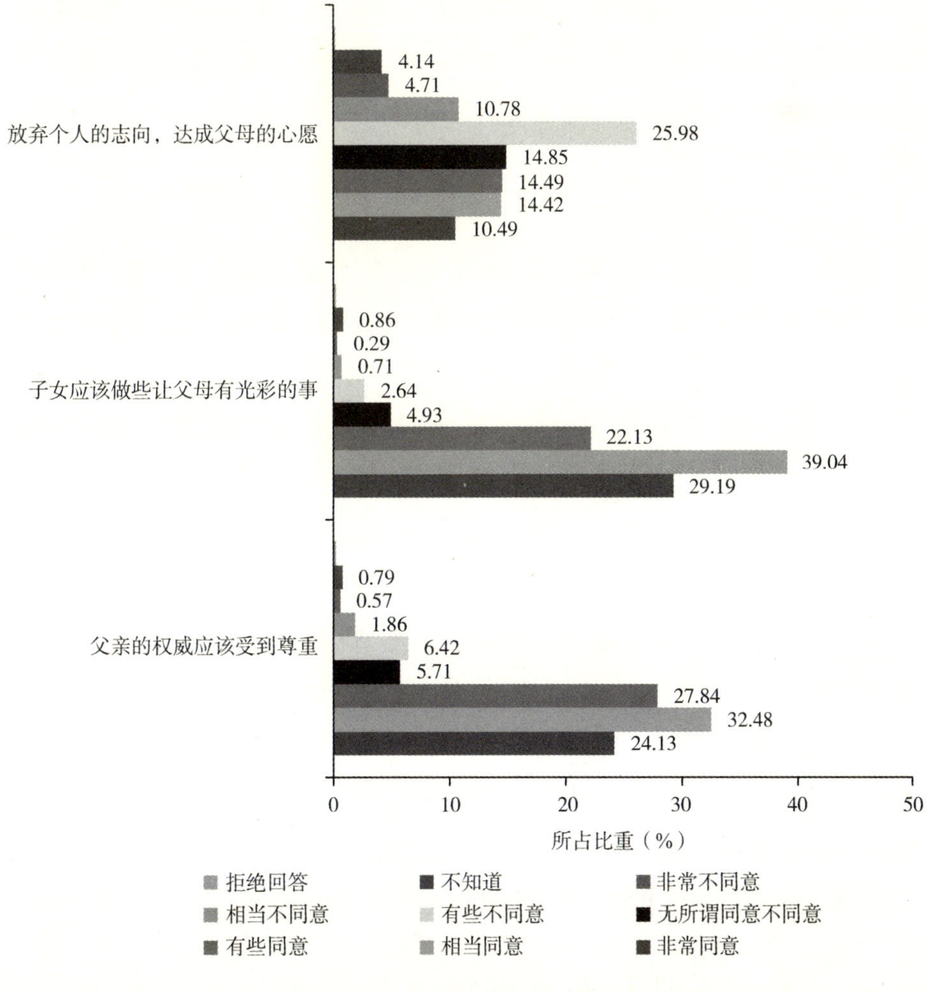

图 3-9　子女对父母的尊重观念

关于传宗接代的观念，49.61％的居民认为“至少要生一个儿子”，而30.40％的居民不同意此观点，19.99％的居民表示无所谓，生男生女都可以。由此可见，“传宗接代，无后为大”“重男轻女”等观念依然存在。

对于“感恩尽孝”观念，96.79％的居民同意“子女应该对父母的养育心存感激”，94.36％的居民认为“子女应该赡养父母并使他们的生活更为舒适”。同时，90.30％的居民表示“无论父母对自己如何不好，作为子女仍然需要善待他们”。山东省城乡居民深受传统文化思想的影响，认为子女应感“父母养育之恩”，尽“孝顺父母之道”，赡养父母的是子女应尽的义务。

山东省城乡居民对传统的“孝道”观念的认知比较一致，即子女应该尊重父母，孝敬父母，满足父母的期望。对于个人志向的选择，多数居民选择了遵从个人的意愿，受现代思想的影响，完全遵从父母意向的“孝道”观也正在发生改变(见图3-10)。

3.1.4.3　代际联系

父母与子女之间相互关心照顾的亲情关系是最理想的代际关系。对于老年人来说，子女能否为其提供支持与帮助，对其晚年生活质量的影响巨大。对于子女来说，父母的关心和支持也能帮其减轻一定的生活压力，并带来一定程度的心灵慰藉。

关于“过去一年子女与父母之间的双向支持频繁程度”的问题，共划分为很经常、经常、有时、很少、完全没有、不适用、不知道和拒绝回答8个维度(见表3-3)。在子女对父母的支持方面：经济上，30.06％的居民表示能够很经常或经常为父母提供经济帮助，35.04％的居民表示有时向父母提供经济帮助，13.34％的居民则表示从未向父母提供过经济帮助；生活上，39.15％的居民表示很经常或经常帮助父母料理家务(如打扫、准备晚餐、买东西、代办杂事)，32.70％的居民表示在生活上有时会帮助父母，而25.07％的居民表示很少或没有帮助过父母料理家务；精神上，41.93％的居民表示能够很经常或经常倾听父母的心事想法，对老年人进行精神上的关心，35.78％的居民表示有时会倾听父母的想法，20.09％的居民表示很少或完全没有倾听父母的想法。

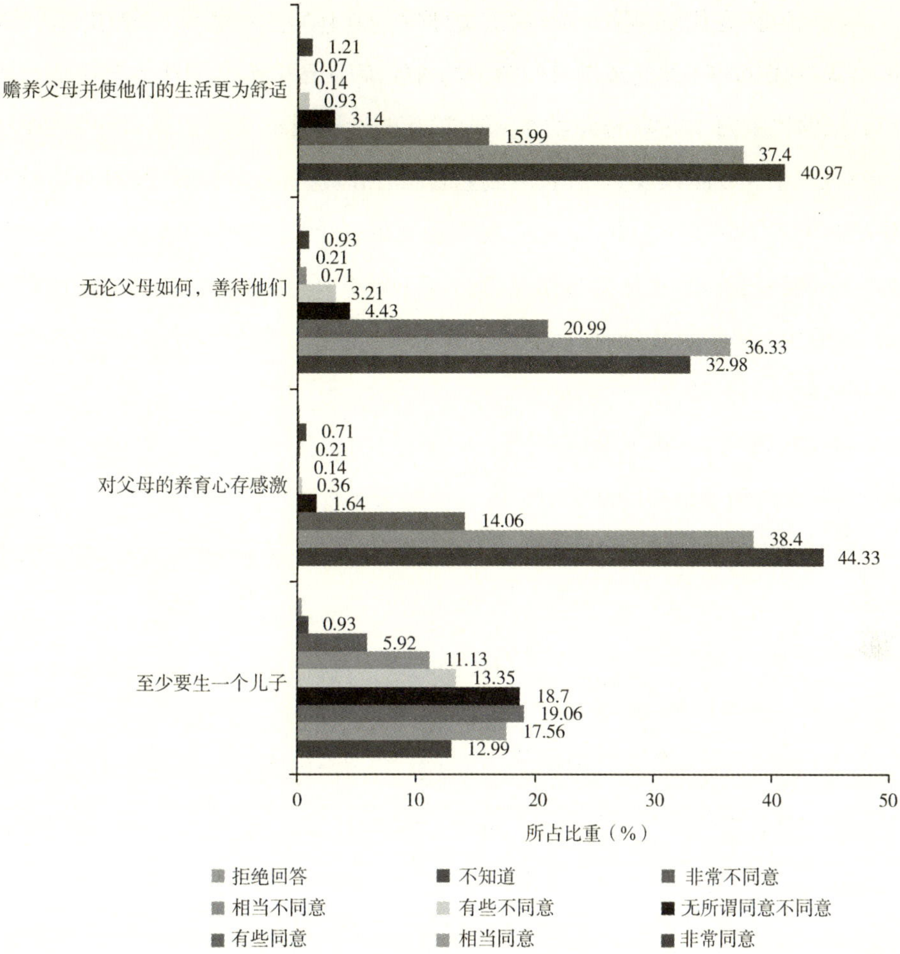

图 3-10　子女对父母的孝道观念

表 3-3　父母与子女相互支持

项目	子女对父母			父母对子女		
	给钱(%)	料理家务(%)	倾听想法(%)	给钱(%)	料理家务(%)	倾听想法(%)
很经常	7.04	10.70	8.21	4.11	5.72	4.69
经常	23.02	28.45	33.72	10.85	18.77	27.13
有时	35.04	32.70	35.78	20.23	19.94	33.28
很少	18.33	18.91	16.42	21.55	19.94	21.70
完全没有	13.34	6.16	3.67	39.88	31.09	10.56
不适用	1.76	1.76	0.88	1.91	3.23	1.32
不知道	0.29	0.29	0.44	0.59	0.59	0.59
拒绝回答	1.17	1.03	0.88	0.88	0.73	0.73

在父母对子女的支持方面：经济上，14.96％的居民表示父母会很经常或经常给钱，提供经济支持，父母有时或很少给钱的比重为 41.78％，父母完全没有给过钱的比重为 39.88％；生活上，24.49％的居民表示父母能够很经常或经常帮助料理家务或照顾孩子，减轻生活上的压力和负担，有时得到父母帮助料理家务的比重为 19.94％，51.03％的居民表示父母在生活上未提供过帮助；精神上，31.82％的居民表示父母能够很经常或经常倾听自己的想法，33.28％的居民表示父母有时会倾听自己的想法，32.26％的居民表示父母很少或完全没有倾听过自己的想法。

比较二者发现，山东省城乡居民在物质、生活、精神方面，子女帮助父母的比重更大，而得到父母的帮助较少。这种现象主要是由于调查的居民中 60 岁以上的老年人比重较大，其父母年纪较大，无法对其进行生活、物质上的关心；同时部分子女与父母不住在一起，距离促使子女与父母的亲情关系降低。

一般来说，当父母有多个子女时，会和其中一位保持相对密切的联系，包括见面、电话、书信或网络的联系方式，并通过密切联系的子女向其他子女传达信息或接收其他子女的信息。关于"父母会与哪位子女保持最为密切联系"的问题，父母选择长子的比重为 41.41％，选择长女的比重为 24.48％(见图 3-11)。其次是其他儿媳妇，比重为 21.10％，极少的父母会与女婿保持亲密联系。数据表明，在儿女较多的家庭中，父母一般会选择长子或长女作为最为密切的联系人，其次为其他儿媳妇，但是 86.21％的父母与最常联系或最亲近的子女没有住在一起。

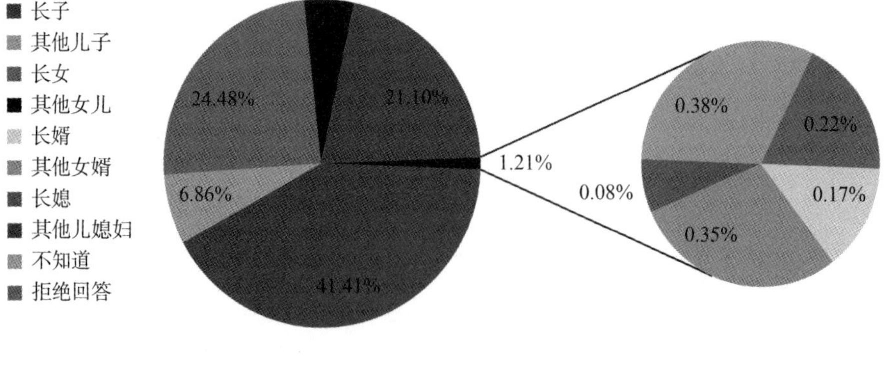

图 3-11　父母密切联系的家庭成员

表 3-4 描述了最密切子女对父母的支持。经济上，能够很经常或经常为父母提供经济帮助的居民比重为 24.63%，17.24%的居民从未向父母提供过经济帮助；生活上，能够很经常或经常地帮助父母料理家务（如打扫、准备晚餐、买东西、代办杂事）的居民比重为 23.55%，28.90%的居民很少或没有帮助过父母料理家务；精神上，26.19%的子女能够经常地倾听父母的心事想法。表 3-4 也描述了父母对最密切子女的支持。经济上，15.77%的居民会很经常或经常地得到父母提供的经济帮助，52.54%的居民完全没有得到过父母的经济帮助；生活上，26.35%的居民会很经常或经常得到父母帮助料理家务，37.03%的居民很少或完全没有得到父母的帮助；精神上，父母会经常倾听自己想法的居民比重为 26.03%，而很少或完全没有倾听的比重为 24.39%。相比父母与所有子女的关系，最密切子女对父母的经济、生活和精神上的支持比重降低，而父母对最密切子女的帮助比重增长。

表 3-4　父母与最密切子女相互支持

项目	子女对父母			父母对子女		
	给钱(%)	料理家务(%)	倾听想法(%)	给钱(%)	料理家务(%)	倾听想法(%)
很经常	5.58	5.17	4.43	6.16	9.52	4.93
经常	19.05	17.98	21.76	9.61	16.83	21.10
有时	25.62	28.24	32.92	13.71	15.60	29.97
很少	12.07	18.47	15.35	16.83	16.26	17.08
完全没有	17.24	10.18	5.99	33.66	20.77	7.31
不适用	18.88	18.72	18.23	18.88	20.03	18.06
不知道	0.41	0.33	0.41	0.25	0.25	0.82
拒绝回答	1.15	0.90	0.90	0.90	0.74	0.74

表 3-5 描述了城乡居民过去一年与配偶父母的相互支持帮助情况。经济上，25.77%的居民能够很经常或经常地为配偶父母提供经济帮助，37.29%的居民有时会向配偶父母提供经济帮助，完全没有或很少提供经济帮助的比重为 33.51%；生活上，32.64%的居民能够很经常或经常地照料配偶父母，帮助其料理家务，31.79%的居民有时会帮助配偶父母料理家务，很少或没有帮助过配偶

父母的比重为 31.61%。表 3-5 也描述了配偶父母对居民家庭的支持。经济上，8.23%的居民会很经常或经常地得到配偶父母的经济帮助，70.96%的居民完全没有得到过配偶父母的经济帮助；生活上，17.18%的居民能够很经常或经常地得到配偶父母在料理家务方面的帮助，60.66%的居民完全没有或很少得到配偶父母的帮助。山东省城乡居民在经济、生活上对配偶父母帮助与自己父母帮助的比重相似，而接受配偶父母帮助的比重明显小于自己父母，完全没有得到配偶父母帮助的比重更大。

表 3-5　与配偶父母相互支持

项目	自己对配偶父母		配偶父母对自己	
	给钱(%)	料理家务(%)	给钱(%)	料理家务(%)
很经常	3.78	5.15	1.03	3.26
经常	21.99	27.49	7.22	13.92
有时	37.29	31.79	16.84	18.21
很少	19.76	20.79	23.88	23.2
完全没有	13.75	10.82	47.08	37.46
不适用	0.86	1.55	1.37	1.55
不知道	0.86	0.86	0.86	0.86
拒绝回答	1.72	1.55	1.72	1.55

3.1.5　家庭分工

对于大部分没有雇用保姆的家庭来说，家务劳动需要家庭成员亲力亲为。如何对家务劳动进行合理的分工，是维护家庭和谐与顺利运转的重要问题。2017 年，山东综合社会调查对城乡社区居民在做晚饭、洗衣服、家庭卫生打扫、屋里屋外的修理维护、购买日常用品等 5 项劳动参与的频繁程度进行了调查。59.24%的居民几乎每天为家人做晚饭，14.49%的居民能够一周做数次晚饭，一周做一次晚饭的居民比重为 5.50%；41.97%的居民几乎每天为家庭洗衣服，一周数次洗衣服的居民比重为 26.67%，11.21%的居民从未洗过衣服；47.25%的居民每天都会打扫家庭卫生，23.13%的居民会一周打扫数次，而从未参与过家庭卫生打扫的比重为 6.92%；10.92%的居民表示几乎每天都会对屋里屋外进行修理，从未进行过修理的居民比重为 22.56%；14.20%的居民表示几乎每天都会采购日常用品，25.41%的居民一周进行数次采购，从未购买过日常用品的居民比重为 9.42%。山东省城乡居民对日常的劳动参与频率依次为：做晚饭>洗衣服>家庭卫生打扫>购买日常用品>家庭修理维护。超过 70.00%的居民表示每周多次参与做晚饭、洗衣服和打扫卫生等劳动，每周购买日常用品数次的比重为 61.02%，每周多次参与家庭修理维护频率最低，约为 31.48%(见图 3-12)。

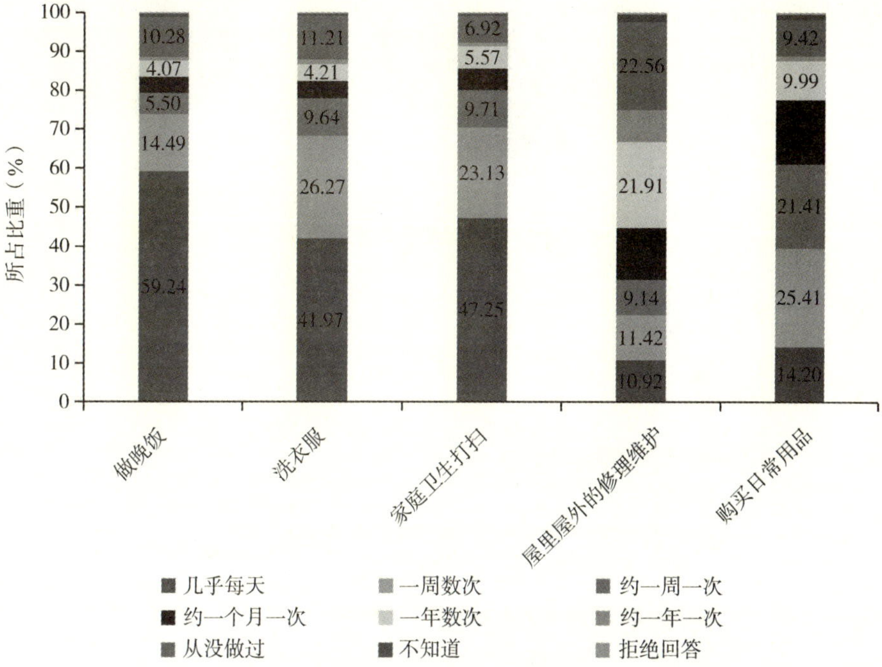

图 3-12　家务劳动的频率

关于家庭成员谁最应该承担照顾年老父母的责任问题，66.24%的居民认为所有儿女都应该参与养老，认为儿子或女儿都可以承担养老责任的居民比重为 13.63%。而认为长子最应该照顾年老父母的比重为 10.21%，认为儿女都没有责任的居民比重为 0.79%。孝顺父母是中华民族的传统美德，山东省城乡居民对照顾父母的态度较为一致，80.00%的居民认为子女必须作为承担养老的责任主体(见图 3-13)。

关于养老的问题，36.50%的居民认为老人的医疗和照护是个人和家庭的责任，认为老人的医疗和照护全部或大部分是政府责任的比重为 23.84%，38.40%的居民认为照顾老人应该是由政府和家庭共同承担的。而对于老人的生活需求，56.25%的居民认为是个人和家庭的责任，11.85%的居民认为应当由政府承担。因此，关于养老问题中的照顾老人的生活，城乡居民普遍认为应该由家庭承担，而对于老人的医疗和护理，需要政府承担部分或全部责任的比重较大(见图3-14)。

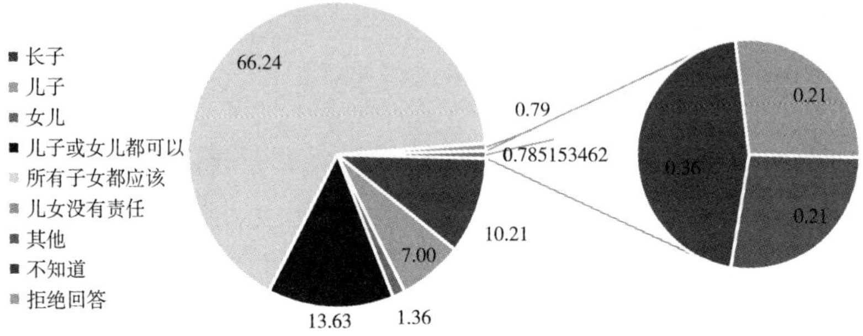

图3-13　养老责任的主体认知

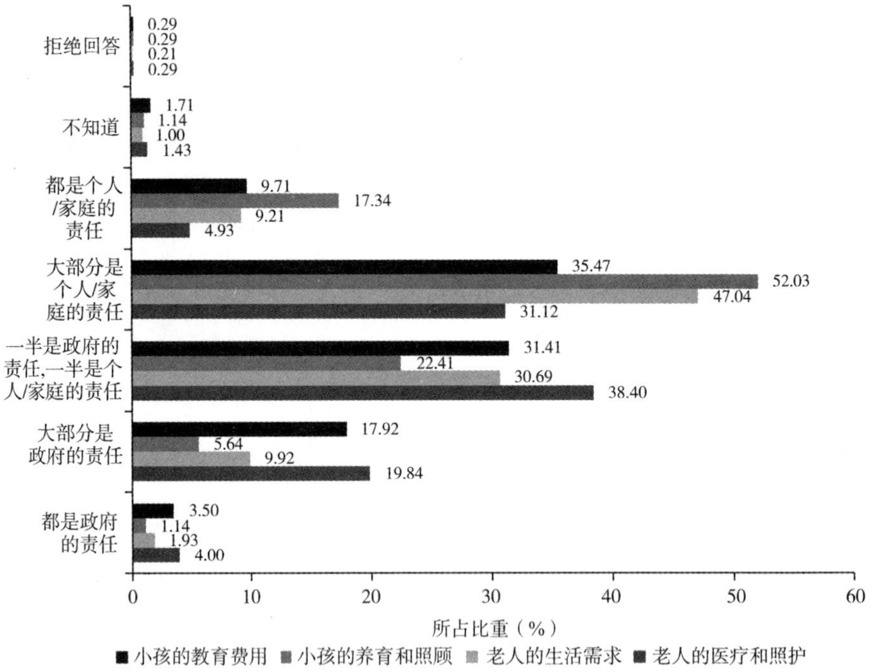

图3-14　政府与家庭的责任划分的不同态度

关于儿童的养育问题，69.37%的居民认为大部分或全部是个人和家庭的责任，6.78%的居民认为大部分或全部是政府的责任。而关于儿童的教育费用，

45.81%的居民认为大部分或全部是个人和家庭的责任，21.42%的居民认为大部分或全部是政府的责任。山东省城乡居民普遍将儿童的养育费用归为个人和家庭的责任，而对于儿童的教育费用认为政府应该承担部分责任。

山东省城乡居民在养老和儿童教育问题上，对政府的需求较高。居民并未逃避自身需承担的养老和儿童养育责任，但是希望政府能够提供更加充足的养老和儿童教育保障机制，政府应当作为责任主体提高对老人和儿童的关注与帮助。

传统的社会性别角色观念认为“男主外，女主内”，调查从“妻子帮助丈夫的事业比追求自己的事业更重要”“丈夫的责任就是赚钱，妻子的责任就是照顾家庭”“孩子上学之前母亲最好不要出去工作”“以目前男人所分担的家事责任而言，他们应该比现在做更多家事”“在经济不景气时，应该先解雇女性员工”等问题对山东省的性别角色观念进行了调查研究。

如图 3-15 所示，45.11%的居民表示同意“妻子帮助丈夫的事业比追求自己的事业更重要”的观点，而 45.68%的居民表示不同意，二者比重相当。关于“丈夫的责任就是赚钱，妻子的责任就是照顾家庭”的观点，50.32%的居民表示同意，34.33%的居民表示不同意。40.60%的居民认为“孩子上学之前母亲最好不要出去工作”，不同意该观点的比重为 36.19%。对于“以目前男人所分担的家事责任而言，他们应该比现在做更多家事”问题，44.97%的居民同意男人应该在家里做更多的家事，不同意的比重大幅度降低，仅为 20.99%。在经济不景气时，仅有 8.53%的居民认为应该先解雇女性员工，67.81%的居民不同意先解雇女性员工。可见，山东省城乡居民的性别角色观念有了较大改变，“男主外，女主内”的思想逐渐淡化，50.00%的居民更加认同男女平等，男女应当共同承担家庭责任，尤其是男性应该做更多的家事，而女性在工作中也应给予尊重，尤其当经济下滑时，也要对女性的工作有所保障。

3.1.6 家庭观念

3.1.6.1 后代生育观念

我国社会曾普遍存在“重男轻女”的观念，为了“延续香火”而选择生男孩，更加重视对男孩的教育和生活投入，因此，生育后代的性别意愿是反映家庭观念的一项重要指标。如图 3-16 所示,在只能有一个小孩的情况下,认为“男孩女孩都一样”的家庭居于首位,比重为 49.36%,选择男孩的家庭比重为 36.52%,而选择女孩的家庭最少,比重为 11.85%。随着时代的变迁,山东省城乡居民“重男轻女”的家庭观念已经发生重大变化,50.00%左右的家庭认为生男生女都是一样的,没有格外的偏好。但是,选择男孩的家庭比重远大于选择女孩的家庭,“重男轻女”的思想依然存在。

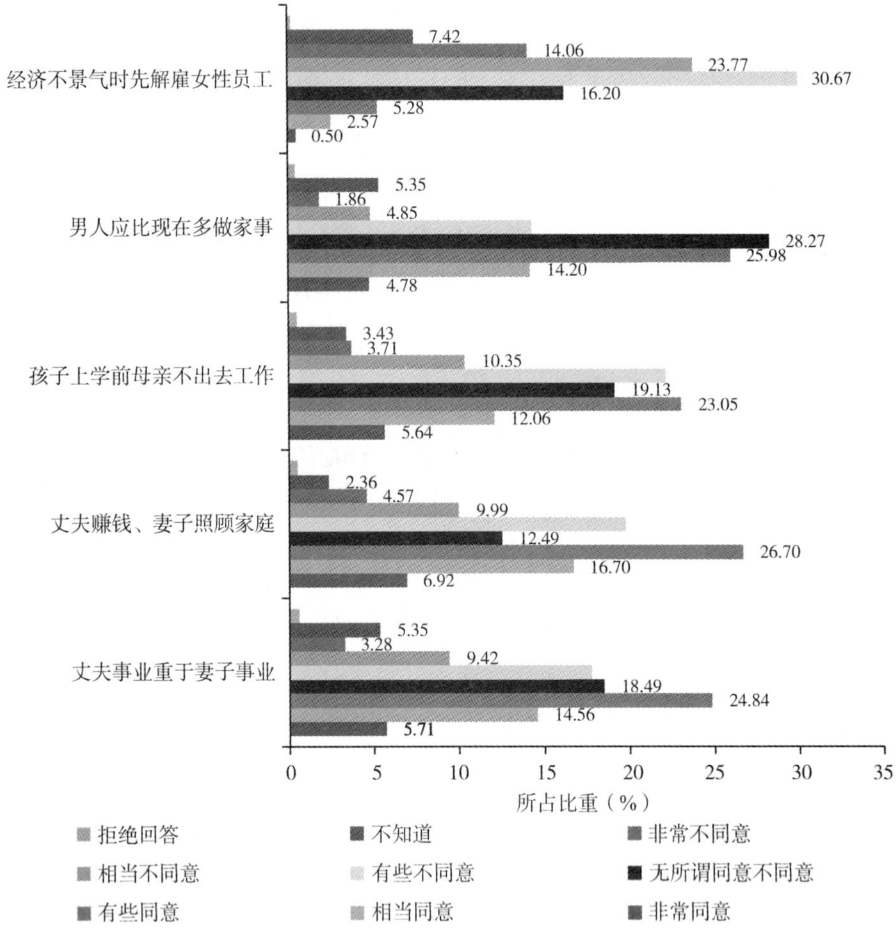

图 3-15　不同性别的角色认同

2016 年,国家全面放开了二胎政策,二胎生育率逐渐提高。如图 3-17 所示,想要两个孩子的居民比重最大,为 63.50%,想要一个孩子的居民比重为

11.72%,而想要 4 个及以上孩子的居民比重为 5.80%,还有 1.42%的居民不想要孩子。因此,二胎政策的放开满足了大多数城乡居民生育两个孩子的意愿。其中,想要一个儿子或一个女儿的人群比重最大,分别为 63.89%和 64.64%。可见,山东省城乡居民更倾向于生养两个孩子,一子一女最佳。

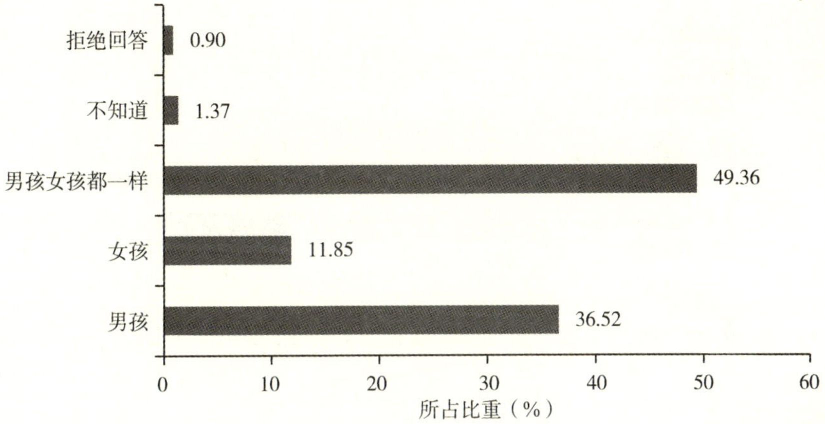

图 3-16 生育后代的性别意愿

3.1.6.2 性行为观念

非婚性行为包括两类非单方面性行为:一类是婚前性行为,即性行为的参与者尚未履行结婚登记手续、建立彼此婚姻配偶关系时发生的非单方面性行为;另一类是婚外性行为,即有合法配偶的人与他人发生的性行为。同性恋性行为指同性别的个体发生性行为,多指非同性恋者与同性发生性行为的现象。随着社会的发展,关于性行为的观念认知也发生了一定的变化。

如图 3-18 所示,45.88%的居民认为婚前性行为总是不对的,12.98%的人认为大多数情况下该行为是不对的,即 58.86%的居民并不认可婚前性行为,而有 7.45%的居民认为这种行为有时是对的,4.39%的居民认为婚前性行为完全是对的,超过 10.00%的居民对婚前性行为表示认同。对于婚外性行为,81.75%的居民认为婚外性行为总是不对的,6.51%的居民认为该行为在大多数情况下是不对的,仅有 1.19%的居民认为婚外性行为是合理的。山东省城乡居民对非婚性行为的态度在发生转变,婚前性行为已经得到部分居民的认可;而对婚外性行为,居民一致持否定态度,坚决反对婚外性行为。

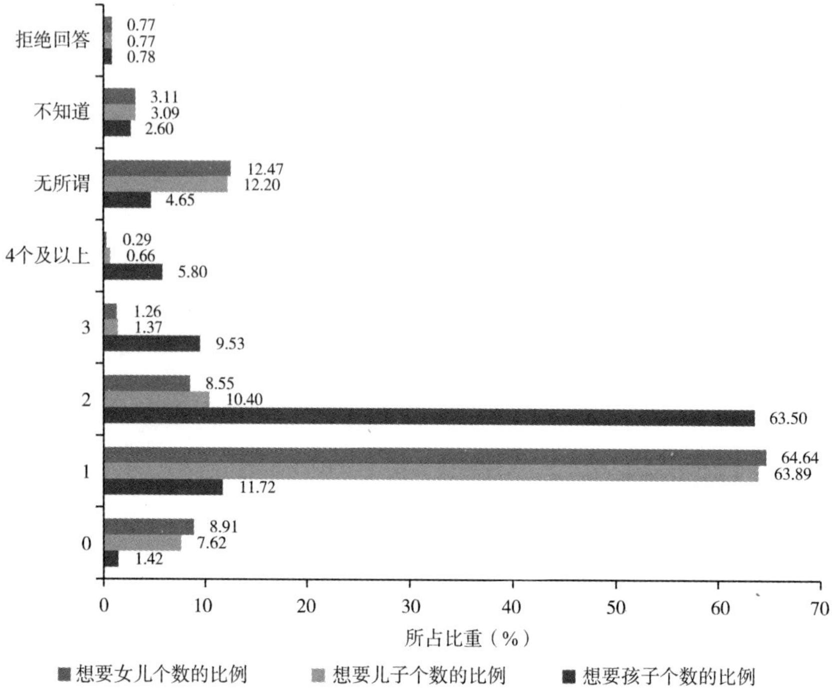

图 3-17　对生育子女数量的态度

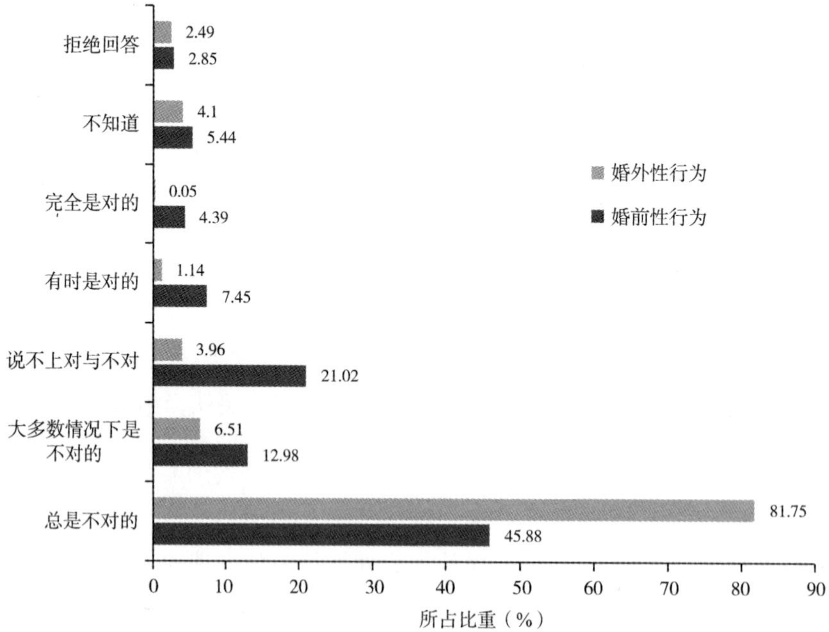

图 3-18　对非婚性行为的态度

如图 3-19 所示，在同性性行为问题上，67.51%的居民表示同性性行为总是不对的，5.08%的居民表示该行为在大多数情况下是不对的，仅有 3.20%的居民对同性间的性行为表示认可。受传统观念的影响，山东省城乡居民对同性恋的接受度较低，并不认可同性之间发生性行为。

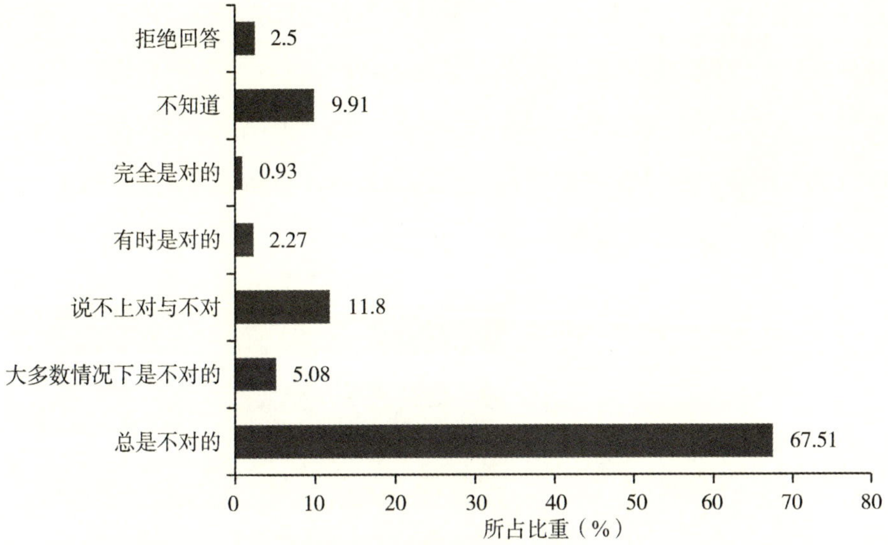

图 3-19 对同性性行为的态度

3.1.6.3 婚姻观念

改革开放以前，人们在婚姻家庭价值观念方面很少去独立思考，大多会按家族要求或父母标准去完成自己的人生选择。在文化转型与观念更新过程中，人们的婚姻观念正发生着急剧变化，婚姻更加趋向个体化、多元化，人们对于婚姻有了自主选择权，更倾向于追求自由平等的婚姻。

如图 3-20 所示，28.29%的居民同意“选择对象时，先生的年龄要比太太大”，22.73%的居民不同意该观点。65.49%的居民不同意“结婚后不一定要有孩子”，认为结婚后一定要生育子女，仅有 18.06%的居民同意婚后不要孩子。32.13%的居民认为已婚的男人比未婚的男人快乐，而 30.59%的居民认为已婚的女人比未婚的女人快乐。关于恋爱而不结婚的态度，对“一对情侣住在一起,即使没有结婚的打算也没什么关系”观点表示不同意的比重为58.21%。对于离婚的观点,34.99%的居民认为“当夫妻没有办法解决他们的婚姻问题时,离婚通常是最好的解决方法”,认为离婚应该等到孩子长大的比重为35.55%。而对婚姻保护的态度,38.58%的居民不同意“婚姻再不好,也比单身强”,37.07%的居民不支持“婚姻再不好,也比离婚强”的观点。山东省城乡居民对于婚姻的观念已经发生了重大转变,传统的保护婚姻意识正在逐渐降低。对于不幸福的婚姻,人们更多地选择了不结婚或离婚,而婚姻自主选择权也在逐渐加强。在对待独身、晚婚、离婚和不育等现象时,人们越发地理解、尊重和宽容个人的选择。

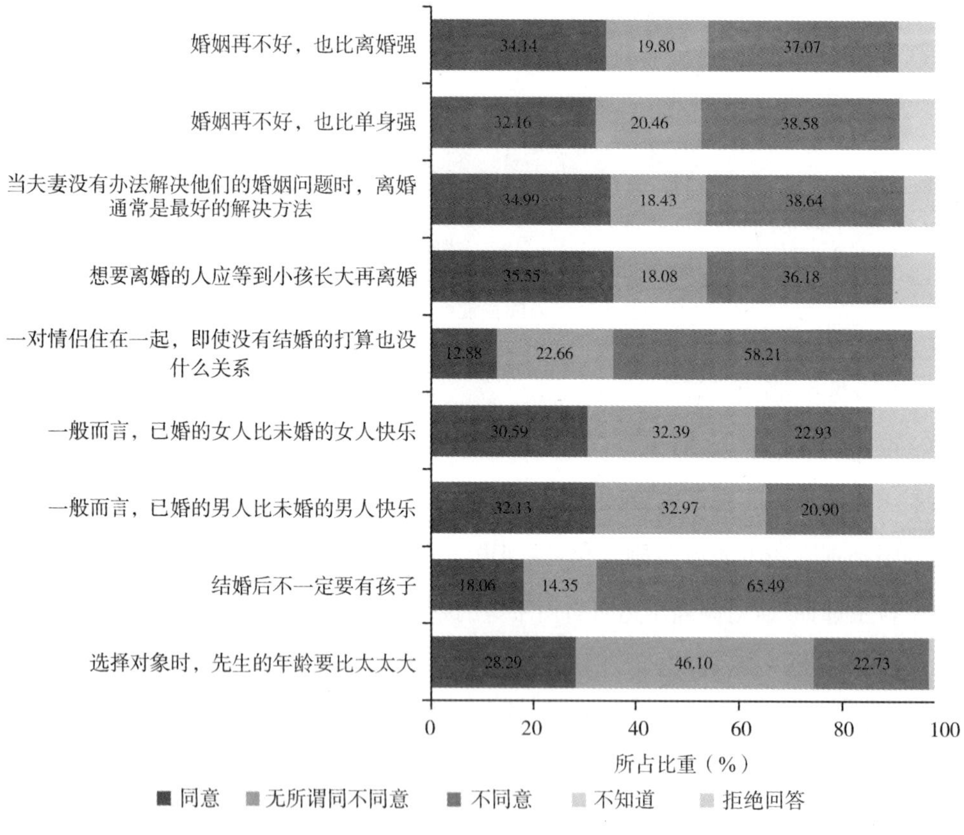

图 3-20　对婚姻的看法

3.1.6.4 家庭价值观念

家庭价值观念是个人对于家庭事务所抱有的一种观点、态度或信念，也是一个评价家庭意义与目的及理想家庭的标准，并影响着个人经营家庭生活与家庭相关事务的决定。如图 3-21 所示，72.31%的居民认为“家庭的幸福应该优先于个人的利益”。28.44%的居民同意“当夫家和娘家都需要帮忙时，已婚妇女应先帮助夫家”，而 38.19%的居民表示不同意。山东省城乡居民认同家庭利益高于个人，但是并不意味着已婚妇女完全放弃娘家而只关注夫家，“嫁鸡随鸡，嫁狗随狗”的观念已经发生重大变化，人们更多的是关注大家庭幸福和多个家庭之间关系的维护。

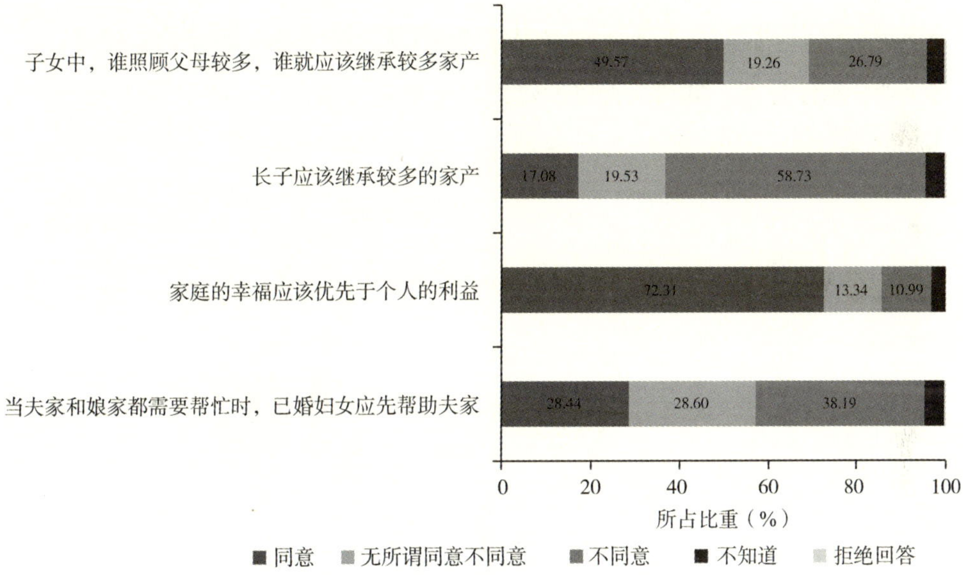

图 3-21 家庭价值观念

关于家庭财产，嫡长子继承或继承更多是中国传统的观念。在现代社会，这种观念已经产生了重大变革。如图 3-21 所示，58.73%的居民完全不同意“长子应该继承较多的家产”，而是更趋向于“子女中，谁照顾父母较多，谁就应该继承较多家产”，比重为 49.57%。随着时代的变迁，人们更期望的是家庭遗产公平分配，“赡养多，继承多”的观念也得到了山东省城乡居民的普遍认可。

3.2 社会网络

人是社会中的个体,社会交往是每个人不可避免的活动,而健康的社会网络是身心健康的重要保障和现实体现。本节基于山东综合社会调查数据,对山东省城乡居民的社会网络相关内容进行统计分析,主要内容包括社会网络基本概况、社会信任、社会福利、社会压力和社会联系五部分。

3.2.1 基本概况

图 3-22 提供了社会网络中 10 种不同的职业属性,并展示居民与该职业从业者的亲疏关系。结果表明,在居民的社会网络中,初中老师出现的频率最高,公交车司机、美发师、汽车维修工、清洁工、警察和护士出现的频率较高,律师、大型企业的高级管理人员和人力资源经理这些精英行业的人出现的频率相对低一些。

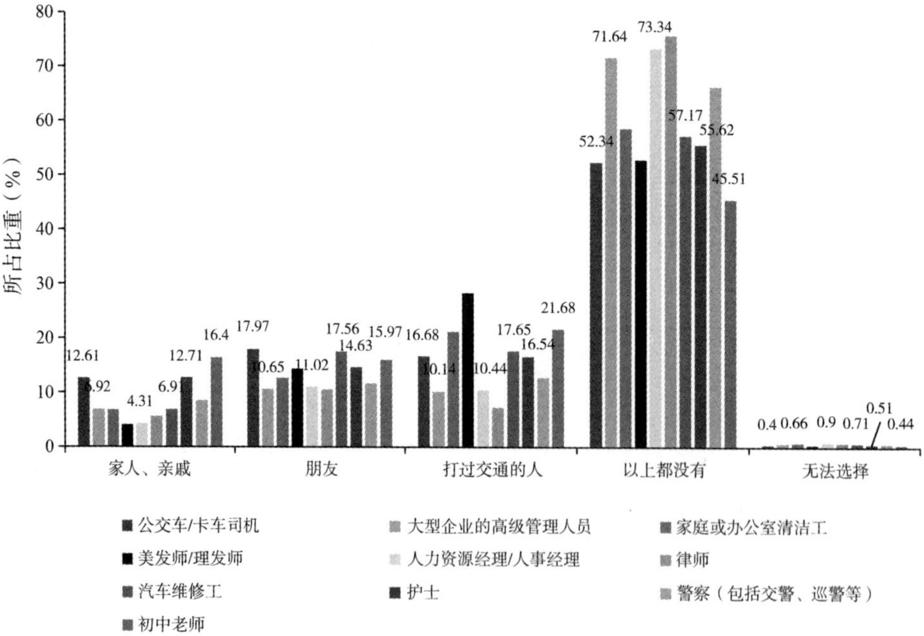

图 3-22 社会网络中的职业交集

在过去的 12 个月里居民参加团体组织活动的频繁程度的结果显示，从未参加过“休闲团体、体育团体或文化团体组织的活动”“政党、政治团体或政治社团组织的活动”和“慈善组织或宗教组织的志愿活动”的比重分别为 74.58%、88.66%和 88.74%。山东省城乡居民在过去 12 个月的时间里参加团体组织活动的频率较低(见图 3-23)。

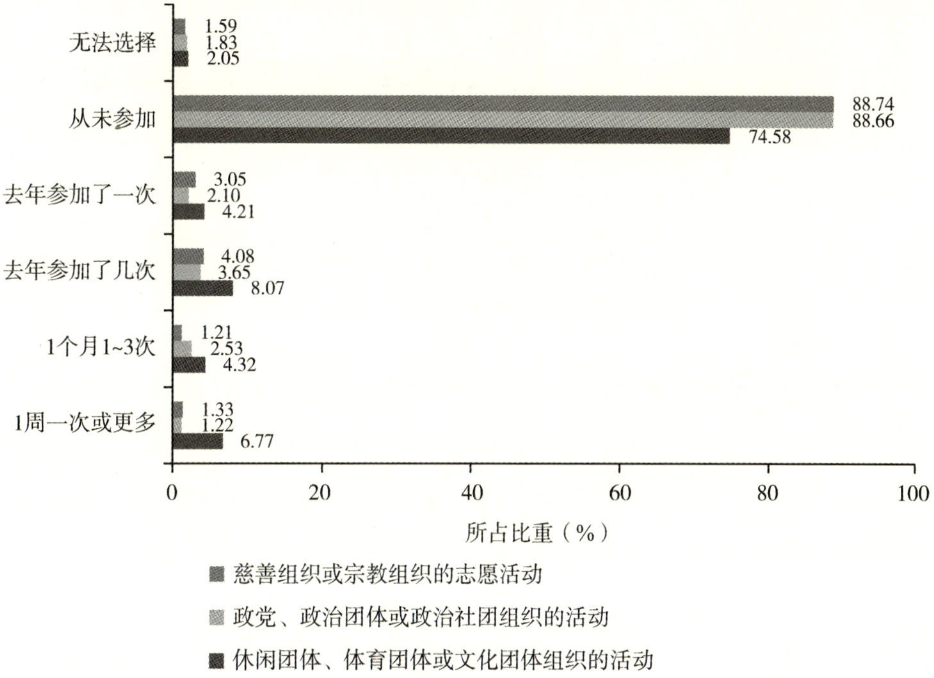

图 3-23　参加团体组织活动的分布

图 3-24 展示了城乡居民在遇到 5 种紧急情形时的首选联系人情况。在遇到“帮您做无法独自做的家务或园艺工作”“当您生病需要卧床休息时，帮您料理家务”“当您心情低落压抑并需要倾诉时，陪在您的身边”“就家庭问题给您提供建议”“和您一起参加愉悦的社交活动”等情形时，居民的首选是关系密切的家人，比重分别为 83.41%、94.05%、77.2%、70.32%和 57.37%，其次是亲密朋友。选择邻居、关系更疏远的家人、同事、其他人的比重均较小。

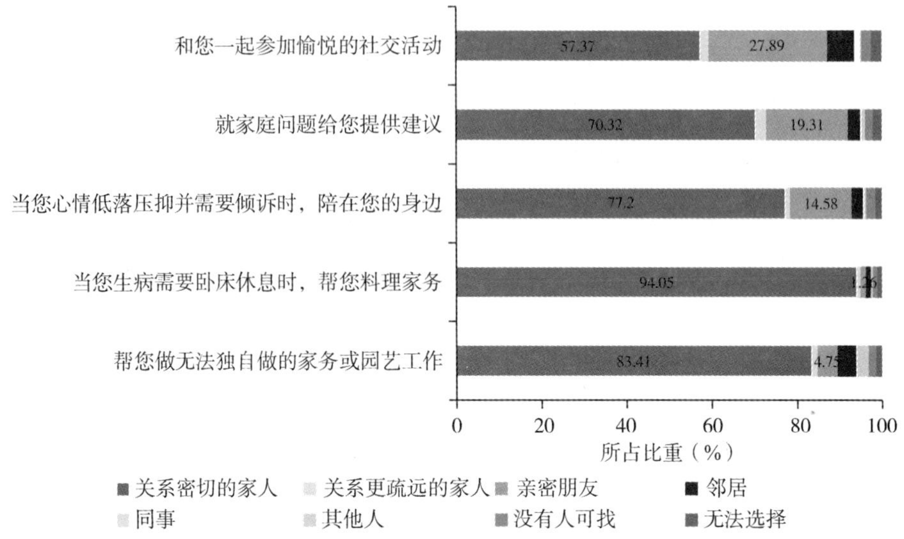

图 3-24　遇到困难时的首选联系人

居民在遇到 5 种困境时首先求助的个人或机构调查结果(见图 3-25)显示，当需要借一大笔钱时，选择向家人或亲密朋友求助比重最大，为 82.44%，仅有 10.13%的居民选择向提供付费服务的商业公司、非营利性机构或宗教组织求助。当病得很严重、需要人来照顾时，96.37%的居民选择求助于家人或亲密朋友。如果需要找一份工作，选择向家人或亲密朋友求助的居民最多，比重为 63.81%，而选择向商业公司求助的比重仅为 5.26%。如果需要找住的地方，71.38%的居民选择向家人或亲密朋友求助，8.77%的居民选择由商业公司来提供付费服务。当需要帮忙处理行政问题或办公室文书工作时，43.31%的居民选择向家人或亲密朋友求助，是 5 种困境中选择家人或亲密朋友比重最小的。因此，对于山东省城乡居民来说，家人或亲密的朋友是当个人遇到困境时首先求助的对象，而向商业公司、政府机构、非营利性组织等求助的比重较小。受中国传统的宗族观念、熟人社会、人情关系的影响，人们更倾向优先选择自己亲近的关系，办事便利，而不是考虑其他机构。

图 3-26 展示了城乡居民在过去四周中出现的“感觉缺少陪伴”“感觉被其他人孤立”和“感觉被冷落了”3 种消极情绪的分布情况。其中，50.74%的居民从不感

觉缺少陪伴，30.83%的居民很少感觉缺少陪伴，12.21%的居民有时会有这种感觉。63.46%的居民过去四周从未感觉被其他人孤立，仅有 0.97%的居民认为经常有被孤立的感觉。城乡居民表示在过去四周中从未感觉到被冷落的比重为 64.33%，仅有 1.57%的居民会经常地感觉被冷落了。山东省城乡居民整体情绪是积极向上的，人们之间不会缺乏陪伴、被孤立和被冷落，人与人之间的交流较多。

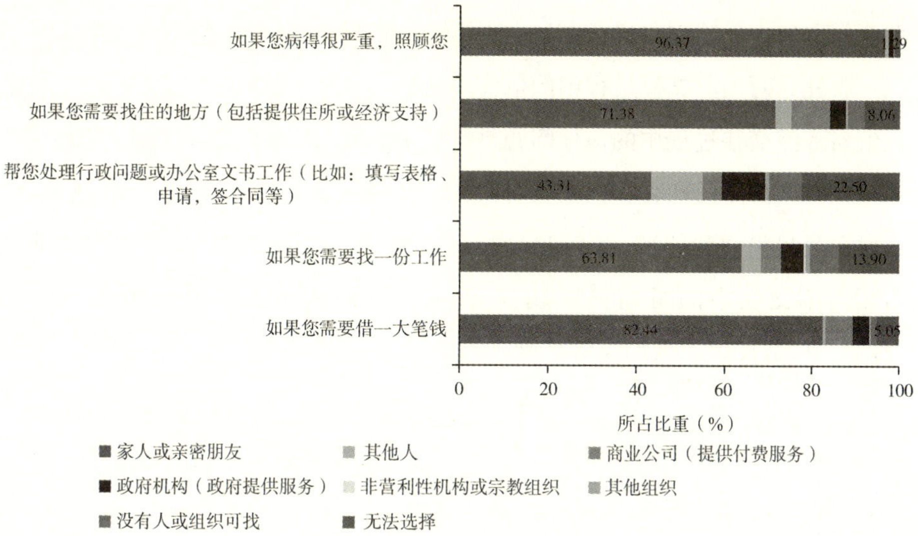

图 3-25　首选求助个人和机构

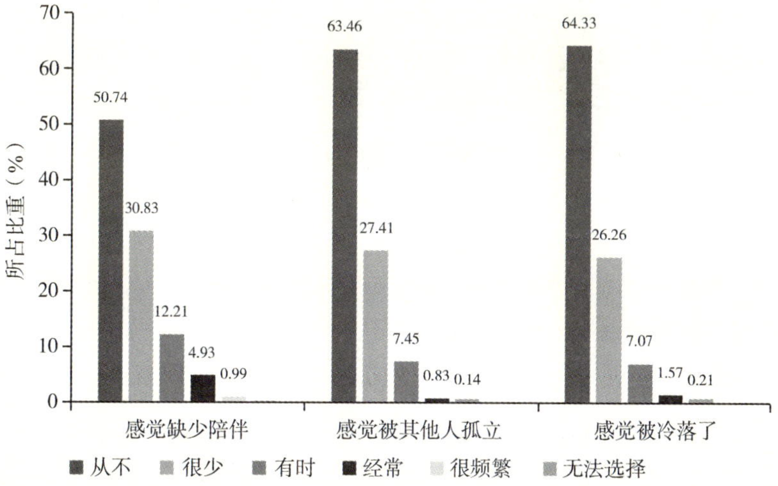

图 3-26　过去四周出现的负面情绪

3.2.2 社会信任

社会信任是我国社会转型时期社会建设与治理过程中不可或缺的价值体系与道德基础,也是维系持久良好社会秩序和建设和谐美好社会的一项重要因素,对诚信社会、法治社会的建设具有重要意义。居民对社会信任程度的评价调查,主要涉及人际交往过程中的信任问题和居民对不同组织的信任问题,并通过这两个问题集中反映省内群众在社会生活中的信任感。

首先是对人际交往过程中的信任问题进行调查,如图 3-27 和图 3-28 所示,人们对人际交往过程中的信任问题是持积极态度的。对于人际交往中的公平问题,59.17%的居民认为在大多数时候自己会尽量做到公平,18.27%的居民认为自己总是尽量做到公平,仅有 14.03%的居民认为与人相处时,对方想占便宜。对于人际交往中的可信任问题,8.98%的居民表示人们总是可以信任的,48.36%的居民表示人们通常是可以信任的,而认为和人们打交道时要小心谨慎的占到了 40.21%。总体而言,在人际交往过程中,城乡居民希望被公平对待,同时希望可以信任对方。而在现实中,部分人时刻做好提防对方的准备,担心被骗,人与人之间已经存在较严重的信任危机。

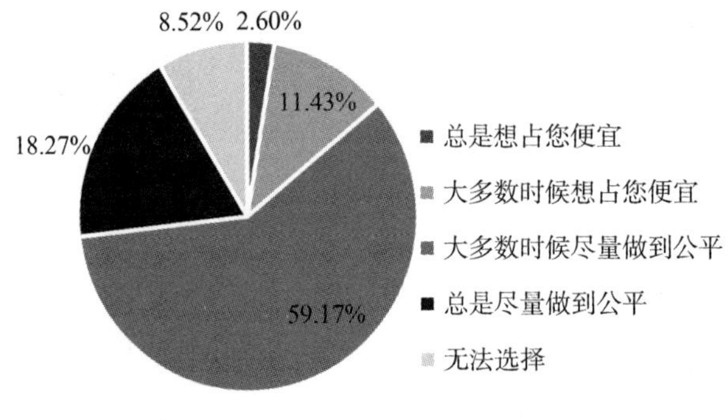

图 3-27 人际交往中的公平问题

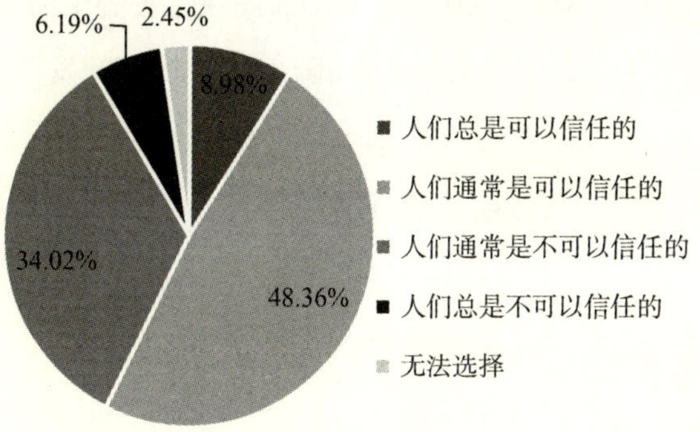

图 3-28 人际交往中的可信任问题

对不同性别、不同年龄的居民在人际交往过程中的公平与信任问题分析发现，不同性别对人际交往过程中的信任问题差异不大，选择尽量做到公平的比重分别为 77.57%和 76.60%，认为人们是可以信任的比重分别为 58.14%和 59.05%。男性与女性对于人际交往中公平与信任的认知程度相似(见表 3-6)。

表 3-6 性别对人际交往中信任的影响

项目	男(%)	女(%)
总是想占您便宜	2.49	2.31
大多数时候想占您便宜	12.79	11.02
大多数时候尽量做到公平	60.13	58.78
总是尽量做到公平	17.44	17.82
无法选择	7.14	10.07
人们总是可以信任的	7.81	8.71
人们通常是可以信任的	50.33	50.34
通常，在和人们打交道时再小心也不为过	34.22	29.93
在和人们打交道时总是再小心也不为过	5.15	7.76
无法选择	2.49	3.27

而不同年龄对人际交往过程中的信任程度存在较大差异，年轻人在人际交往过程中的信任程度较低，30 岁以下的居民中有 34.19%认为和人打交道时通常要小心，而 60 岁以上的比重为 30.97%，在人际交往过程中的信任程度较高。30 岁以下的居民认为人们在交往中总想占便宜的比重也最大，为 6.84%，而 60

岁以上的比重仅为 1.31%。60 岁以上的居民在过去的生活环境中,社会风气较好,多数人友善淳朴,人际关系和谐;而随着经济技术的发展、社会的进步,社会环境变得复杂,社会竞争产生的诈骗、不公平待遇对青年一代产生了严重的影响,社会公平度与信任度逐渐下降,青年人在人际交往过程中更会提高防范意识(见表 3-7)。

表 3-7　年龄对人际交往中信任的影响

项目	18～29岁(%)	30～39岁(%)	40～49岁(%)	50～59岁(%)	60 岁以上(%)
总是想占您便宜	6.84	0.56	3.90	2.55	1.31
大多数时候想占您便宜	10.26	9.50	11.26	12.77	12.69
大多数时候尽量做到公平	55.56	60.89	58.87	58.76	60.26
总是尽量做到公平	18.80	19.55	19.05	16.79	16.60
无法选择	8.55	9.50	6.93	9.12	9.14
人们总是可以信任的	11.97	6.15	7.79	9.12	8.02
人们通常是可以信任的	48.72	52.51	51.95	46.35	51.31
通常,在和人们打交道时再小心也不为过	34.19	31.84	31.17	33.21	30.97
在和人们打交道时总是再小心也不为过	2.56	8.38	7.36	9.85	4.85
无法选择	2.56	1.12	1.73	1.46	4.85

图 3-29 描述了居民个人对于大型私营企业的信任情况。16.34%的居民对大型私营企业完全信任。从平均得分来看,大型私营企业的平均得分为 6.74 分。同时,有 20.00%的居民对企业的信任无法选择。

3.2.3　社会福利

社会福利是指国家依法为所有公民普遍提供、旨在保证一定生活水平和尽可能提高生活质量的资金和服务的社会保障制度,主要包括现金援助和直接服务。社会福利与城乡居民的生活息息相关,对保障和改善国民生活质量具有重要意义。早在春秋战国时期,著名思想家孟子就提出了“老吾老以及人之老,幼吾幼以及人之幼"的观点。随着社会的发展，社会福利得到了不断完善和进步，对提高人们的生活水平产生了重要作用。本调查主要从居民对社会福利现状的认识判断和社会福利供给两部分内容展开。

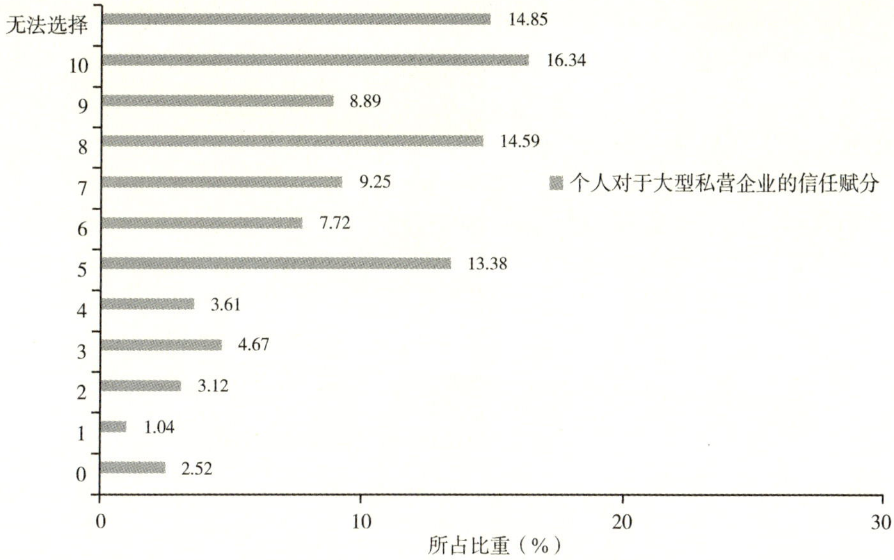

图 3-29　个人对于大型私营企业的信任赋分

如图 3-30 所示，84.77%的居民同意我国现阶段存在着较大的收入差异。66.61%的居民认为"为了社会公平，人们的物质生活水平差异应该很小"。而关于缩小收入差距的责任归属问题，69.23%的居民认为是政府的责任，46.28%的居民否认"我国的社会福利让人变得懒散"的观点。目前，大多数人认为我国的收入差距是存在的，而政府需要承担实现社会公平、缩小收入差距的责任，增加社会福利，提高人们的生活水平。

关于社会福利的供给问题，居民对主要的医疗保健服务供给主体和照顾老人的主体判断一致。71.40%的居民认为主要的医疗保健服务提供者应该是政府，认为家人、亲戚或朋友应该承担医疗保健服务的责任比重为 21.43%。70.09%的居民认为家人、亲戚或朋友是照顾老人的主要承担者，25.62%的居民认为政府应当是照顾老人的主要承担者。仅有少数居民认为应该由私营企业/营利性组织、非营利性组织/慈善机构、宗教组织提供医疗保健服务和照顾老人服务(见图 3-31)。

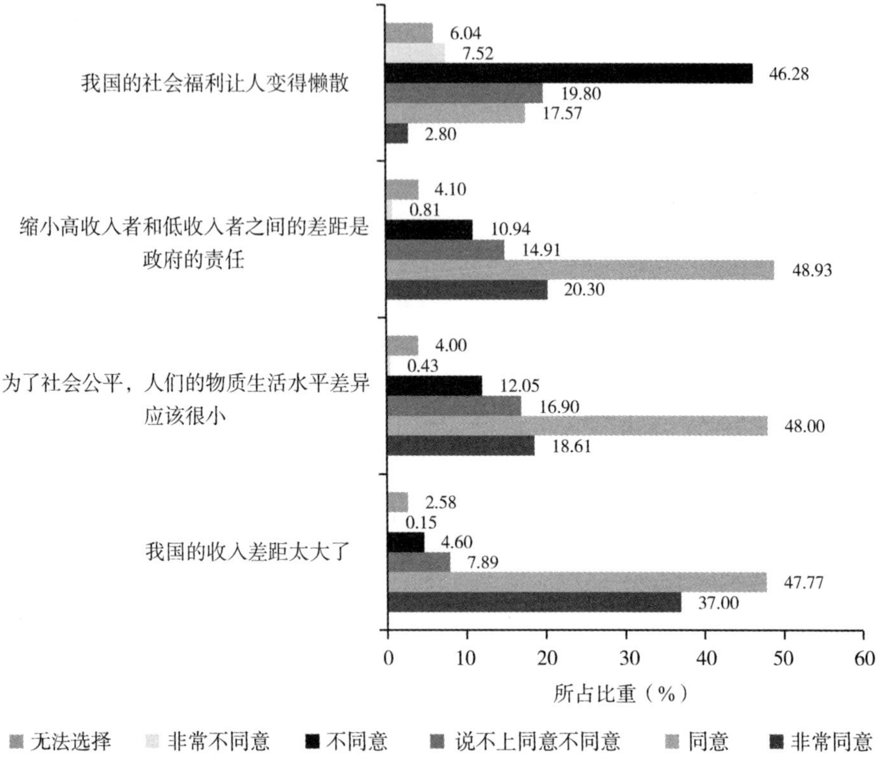

图 3-30　对社会福利的不同态度

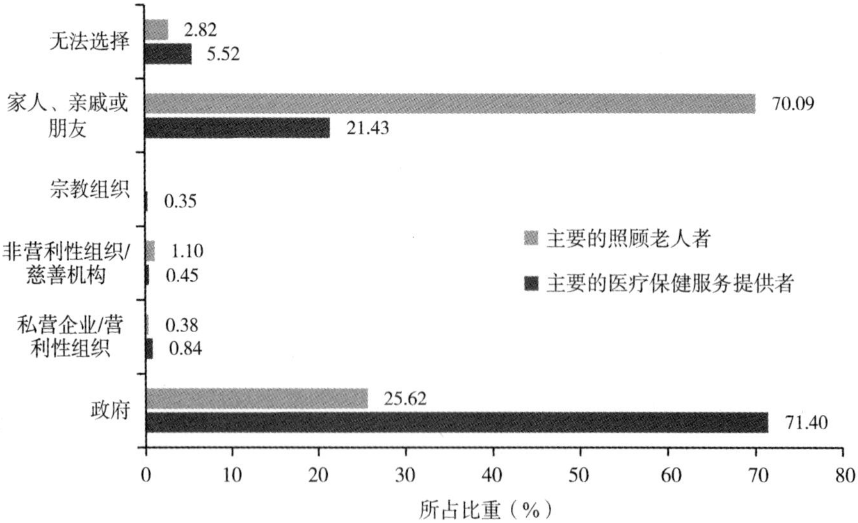

图 3-31　对福利供给主体的认知

关于照顾老人的主体选择问题，如图 3-32 所示，96.00％的居民同意“成年子女有照顾年迈父母的义务”。94.07％的居民认为“在帮助别人之前，应该首先照顾好自己和家人”。认为“经济条件好的人应该帮助经济条件不好的朋友”的居民比重为 59.90％，高于持否定观点的居民比重。山东省现阶段的养老模式以家庭养老为主，居民普遍认可子女有义务照顾年迈父母，对家人也应当优先考虑。但是对于老人医疗问题，居民选择依靠政府，希望政府能够提供医疗支持，承担医疗救助的责任。居民的养老认知与西方国家养老或福利养老的观念存在较大差异，这主要与当前中国社会养老机制不健全、社会福利水平较低有关。

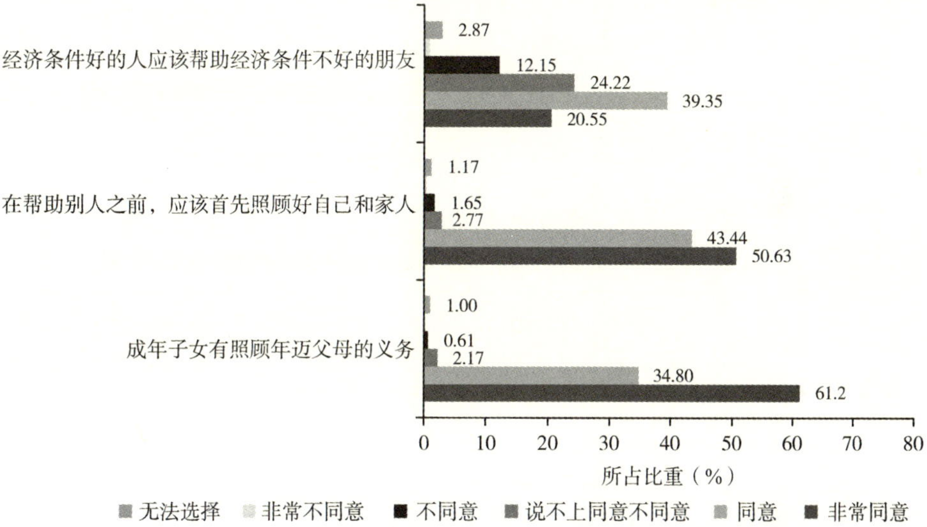

图 3-32　对社会关照问题的不同态度

3.2.4　社会压力

社会压力是指来自个人之外的改变个人行为，使之符合特定目标的某种社会力量。本调查中的社会压力主要涉及家庭压力、同伴对自己的要求、自己对他人的消极态度三方面。通过这三方面的调查，对山东省城乡居民的社会压力进行综合考评。

如图 3-33 所示，61.24％的居民表示从来没有受到来自家庭的压力，表示受到来自家庭的压力但很少的居民比重为 25.35％，13.4％的居民表示经常受到来自家庭的压力。关于家人、亲戚或朋友是否经常提出要求的问题,88.77%的居民认为是从不或很少,仅有 9.25%的居民会经常接受来自家人、亲戚或朋友的要求。山东省城乡居民承担家庭压力的比重相对较小,少数人需要面对外界的要求,承受外界的压力也较小。

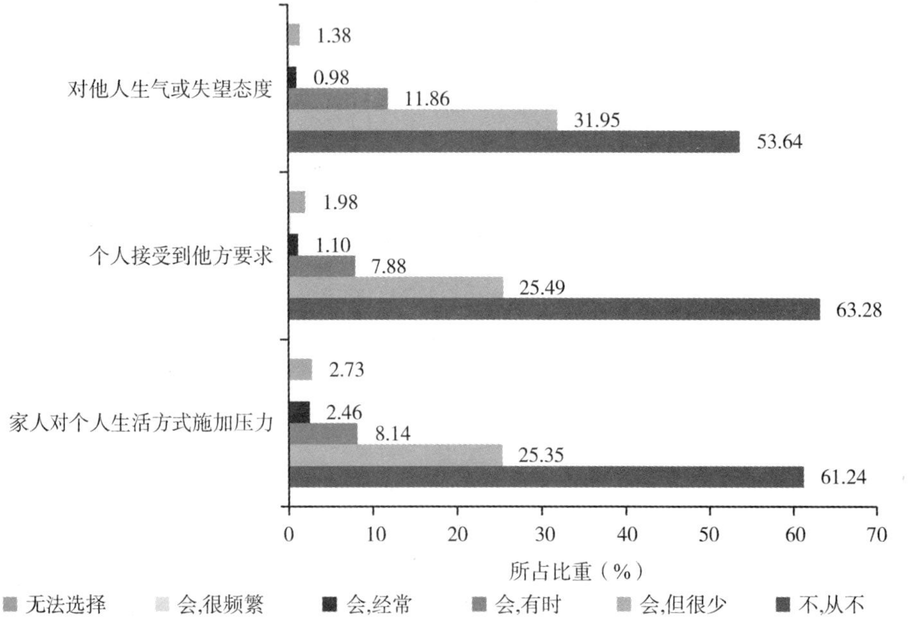

图 3-33　社会压力

关于对配偶/同居伴侣、家人或亲密朋友的态度问题,53.64%的居民表示过去四周从未对配偶/同居伴侣、家人或亲密朋友有过不满情绪,31.95%表示很少会对配偶/同居伴侣、家人或亲密朋友有生气或失望的情绪,而经常或频繁对配偶/同居伴侣、家人或亲密朋友有生气和失望态度的居民比重仅有 1.17%。总体上,山东省城乡居民与配偶/同居伴侣、家人或亲密朋友相处是平和融洽的。

3.2.5　社会联系

社会联系是社会网络建设形成的基础,主要指人们在共同的物质和精神活动过程中所结成的相互关系,即人与人之间的一切联系活动。社会联系的内容主要包括与家人、朋友联系和外出吃饭喝酒、参加宗教等社交活动。

3.2.5.1　与他人联系频率

对居民每日联系人数量的统计结果(见图 3-34)显示,61.17%的居民每日的联系人在 10 人以内,15.58%的居民每日的联系人为 10～19 人,10.60%的居民每日会与 20～49 人联系,仅 4.16%的居民每日需要与 50 及以上的人联系。总体而言,山东省城乡居民的社交联系圈主要稳定在 10 人以内。

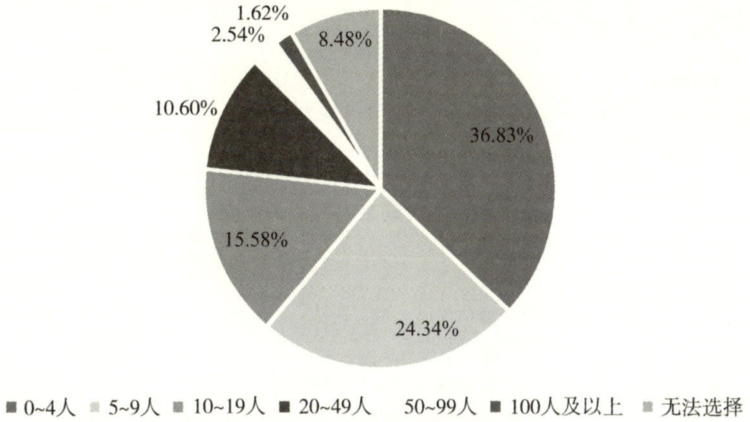

图 3-34　每日联系人数量

图 3-35 是对每日联系的可见面人数的统计结果,61.99%的居民表示能够见到大部分或所有的联系人,23.61%的居民表示能够和一半左右的联系人或其中一部分联系人见面,6.86%的居民表示自己的联系人与自己几乎不见面,依靠电话或网络进行联系。可以看出,面对面的交流仍是山东省城乡居民进行联系的主流方式,而超过 10 人以上的联系主要依靠电话或网络等方式。

本调查将居民的联系人划分为父母、兄弟姐妹、子女、其他亲戚、亲密朋友、老乡等,做进一步统计分析。如图 3-36 所示,18.59%的居民与自己父母居住在一起,每天都会和父母进行沟通交流,17.15%的居民能够保证自己与父母一周联系 1 次以上,47.52%的居民表示从不或很少与自己的父母联系。

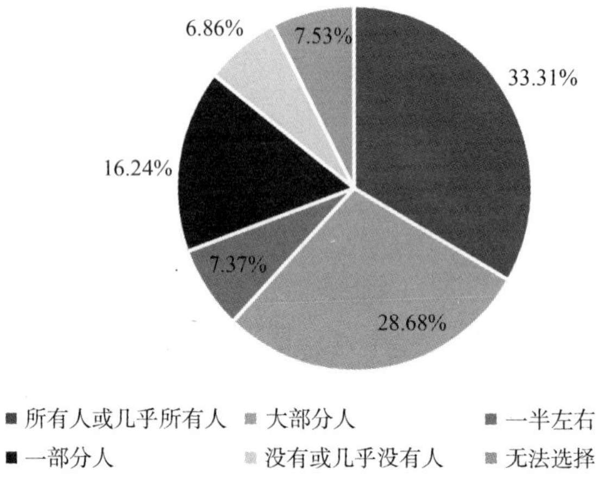

图 3-35　每日联系的可见面人数

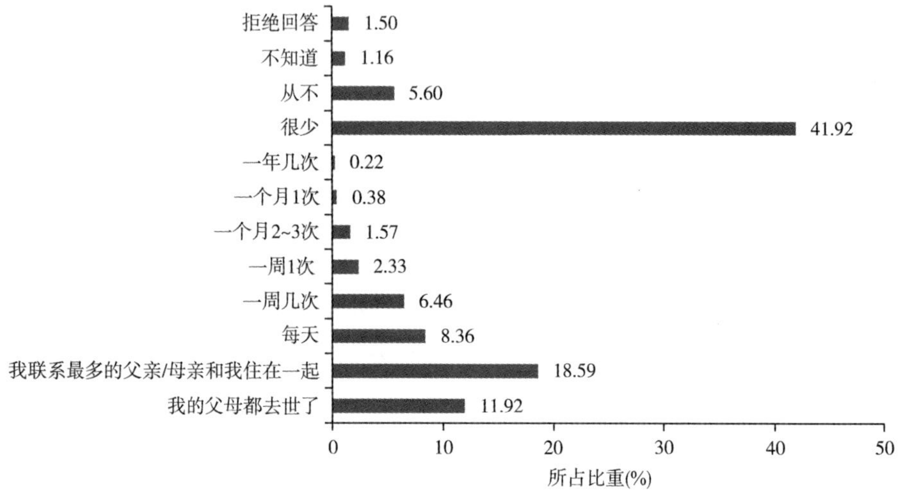

图 3-36　与父母联系频率

如图 3-37 所示,21.45%的居民与自己的兄弟姐妹居住在一起,能够与他们经常进行沟通交流,32.39%的居民每周至少与自己的兄弟姐妹联系 1 次,12.52%的居民很少或从不与自己的兄弟姐妹联系。可以看出,山东省城乡居民与兄弟姐妹保持联系的频率高于和父母的联系频率,不与兄弟姐妹联系的频率远低于不与父母联系的频率。

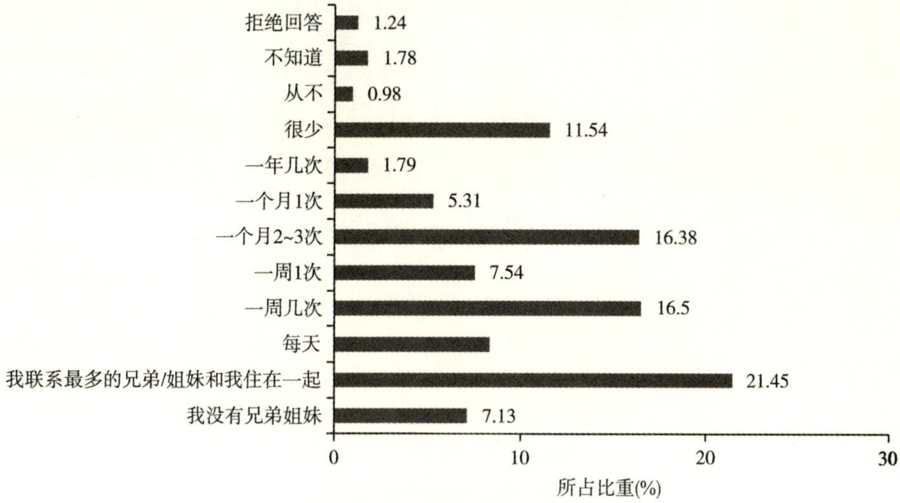

图 3-37 与兄弟姐妹联系频率

如图 3-38 所示，与成年子女的联系数据显示，19.34%的居民与自己联系最多的成年子女居住在一起，每天会与子女进行沟通交流，15.70%的居民表示自己每周至少与成年子女联系 1 次，42.03%的居民表示自己一年内很少或几乎没有与自己的成年子女联系。这与前述的“与父母联系频率”较低的结果相呼应，代际的沟通交流相对较少，低于同辈沟通交流的频率。

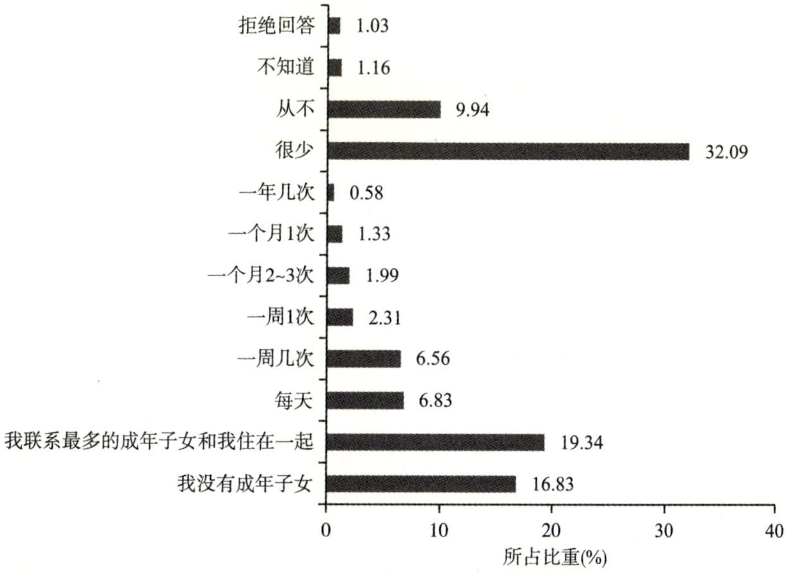

图 3-38 与成年子女联系频率

除了居民与父母、兄弟姐妹、成年子女的联系，居民与其他家人的联系情况显示，11.88%的居民表示自己目前与其他家人居住在一起，能够与其他家人进行频繁的沟通交流，59.18%的居民表示自己每月至少与其他家人联系1次，而表示自己一年内很少或从不与自己的其他家人联系的居民比重也较大，为15.56%。以上情况与居民和兄弟姐妹联系的频率相似(见图3-39)。

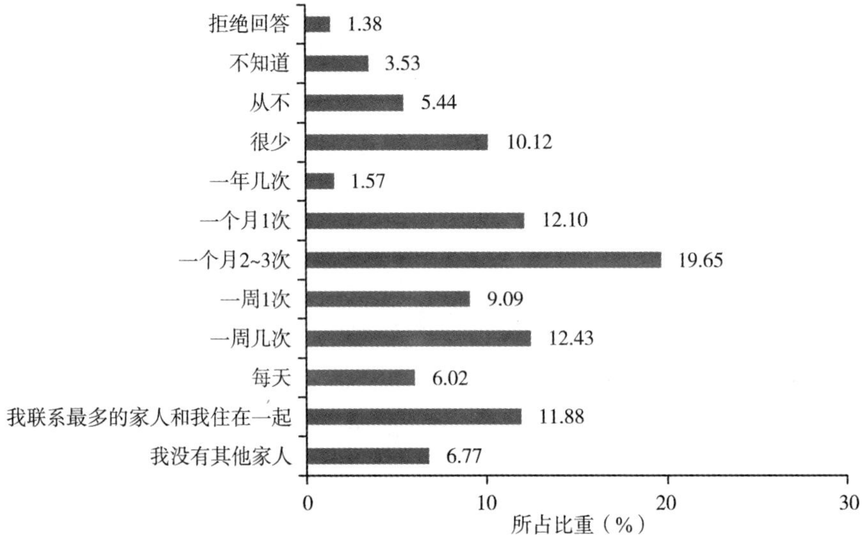

图3-39　与其他家人联系频率

如图3-40所示，26.61%的居民表示与自己的亲密朋友住在一起，会较为频繁地与朋友进行沟通交流，42.09%的居民至少每月与亲密朋友联系1次，9.23%的居民很少或从不与亲密朋友联系。居民在日常生活中与亲密朋友的联系频率明显高于与自己的父母或兄弟姐妹的联系频率。

有俗语说“出门在外靠老乡”，老乡也是社会网络的重要组成部分。如图3-41所示，居民每天与老乡联系的比重为13.55%，远高于与父母、子女和亲朋好友的联系频率。总体上，每月至少与老乡联系1次的居民比重为41.06%，而很少或从不联系老乡的居民比重为24.25%。山东省城乡居民与老乡保持较为频繁的联系，这也是中国社会传统观念中邻里关系和同乡意识的反映。

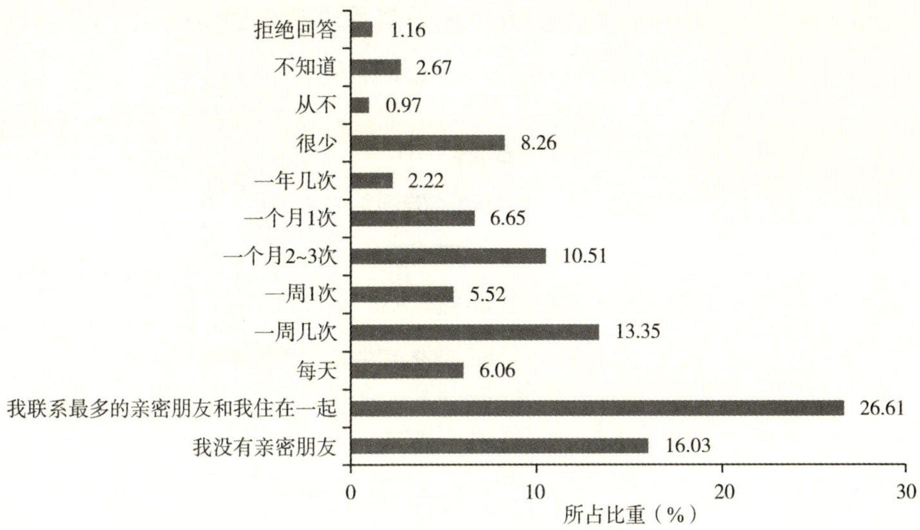

图 3-40 与亲密朋友联系频率

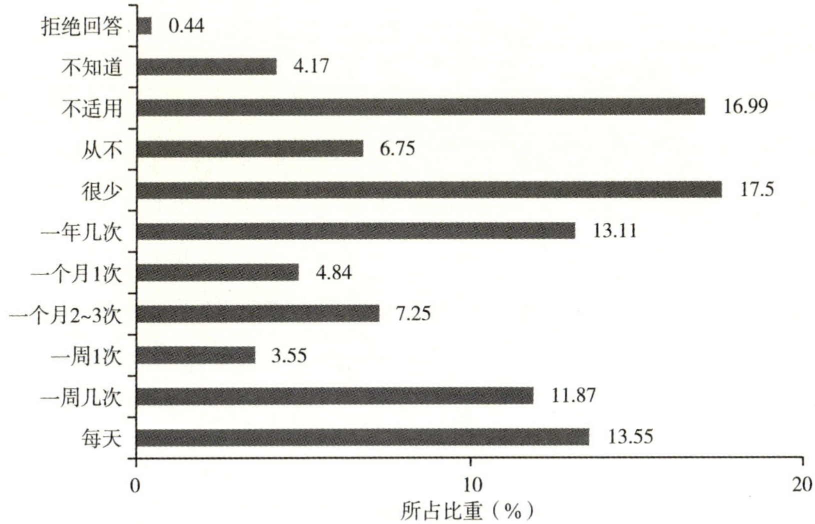

图 3-41 与老乡联系频率

沟通媒介是实现人与人联系的重要因素，随着社会的发展，互联网已经成为城乡居民联系的重要工具之一。在居民是否使用网络沟通设备进行联系的问题上，如图 3-42 所示，51.32%的居民大都依赖网络沟通设备与家人、朋友、邻居等进行联系，仅有 23.05%的居民表示几乎不用网络沟通设备进行联系。因此，对山东省城乡居民而言,网络交流已经成为社会联系的重要方式。

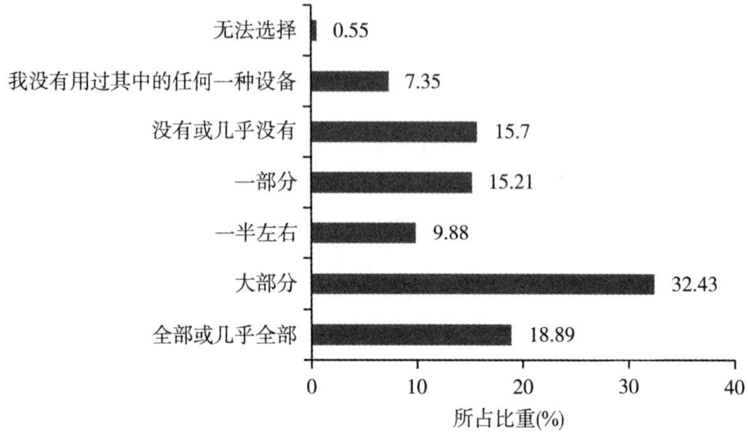

图 3-42 使用网络沟通设备联系频率

3.2.5.2 参与社交活动

如图 3-43 所示,与 3 个及以上朋友进行聚会频率中比重最大的是"一年几次",为 19.37%,其次是"一个月 2～3 次",比重为 12.64%。47.65%的居民表示从不或很少与几个朋友外出吃饭或喝酒。仅有 7.33%的居民每天或一周多次与朋友外出吃饭或喝酒。可以看出,山东省居民与朋友外出吃饭或喝酒的频率较低,主要集中在一个月甚至一年几次。而在外出吃饭或喝酒时,图 3-44 的数据显示,8.81%的居民认为能够经常结交到新朋友,59.57%的居民认为从不或很少会结交到新朋友,一般都是熟人外出吃饭。总体来说,大多数居民主要与熟悉的朋友外出吃饭或喝酒,而很少与陌生人一起吃饭或喝酒,所以结交到新朋友的频率较低,只是偶尔会遇到新朋友,比重为 24.26%。

针对居民与宗教等场所的社会联系统计表明(见图 3-45),84.19%的居民从不与宗教场所里的人联系,5.20%的居民每月至少 1 次与宗教场所的人进行联系。山东省城乡居民的宗教参与度较低,宗教对人与人之间搭建社会联系、构建社会网络的影响是极小的。

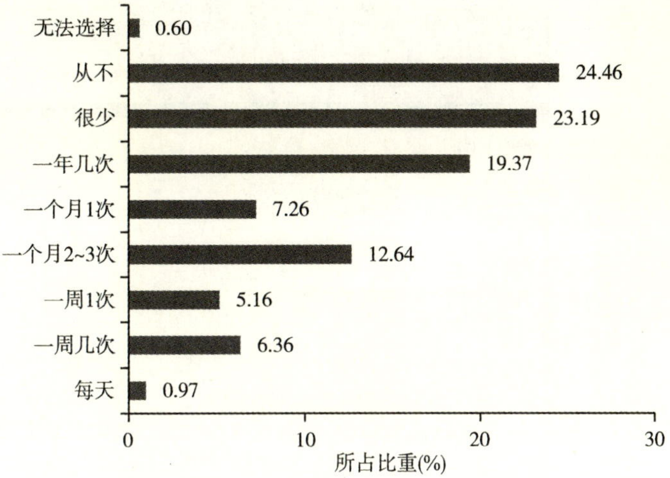

图 3-43　3 人以上外出吃饭或喝酒

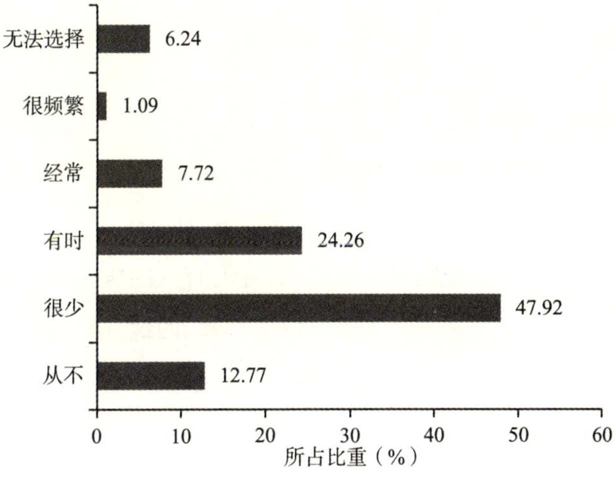

图 3-44　在外出吃饭或喝酒中结交朋友

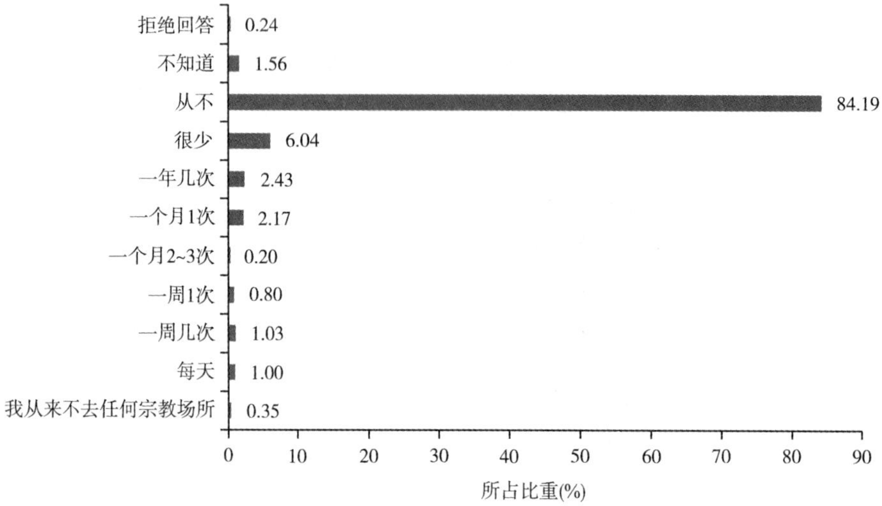

图 3-45　与宗教等场所里的人联系频率

3.3　小结

本部分的要点总结如下：

(1)山东省以小型家庭为主,家庭规模主要是 2 人或 3 人,比重为 63.49%,传统的家庭规模得到改变。但是,14.46%的居民为独居户,2/3 的独居户为 60 岁以上的老年人,人口老龄化问题比较突出。10.47%的居民没有与配偶或同居对象住在一起,表明经济发展加大了人口的流动性,两地分居现象日趋严重。

(2)2016 年,山东省城市社区居民家庭平均资产为 139826.1 元,农村社区居民家庭平均资产为 52810.7 元,城乡差异明显。家庭房产拥有比重为 95.69%,私家汽车拥有比重为 29.11%,仅有 5.59%的居民参与过投资活动。山东省城乡居民“安居乐业”观念比较重,缺乏投资发展的理念。

(3)山东省城乡居民受传统观念的影响依然存在,“尊重父权、光宗耀祖、重男轻女”的思想依然存在。84.45%的居民认为父权为上,90.36%的居民认为子女应该做些让父母骄傲的事,49.61%的居民认为至少要生一个儿子,50.32%的居民认为“男主外,女主内”“丈夫事业重于妻子事业”。受传统道德思想的约束,山东省城乡居民对孝顺父母和子女教育的责任也更加明确。而对未婚同居、长子继承财产等问题的观念发生了改变,11.84%的居民认同未婚同居,58.73%的居民不同意长子多继承财产,认为赡养老人与继承财产之间有着重要的联系。

(4)山东省城乡居民参加团体组织活动的频繁程度低,参与休闲团体、体育团体或文化团体,政党、政治团体或政治社团,慈善组织或宗教组织等活动比重分别为25.42%、11.34%和11.26%。居民接触人群中,初中老师比重最大,平均为18.02%,其次是理发师。

(5)社会信任调查结果显示,57.34%的居民认为人通常是不可信的,16.34%的居民表示大型私营企业是完全可以信任的。山东省城乡居民对人的信任度远高于企业,企业的公信力较低。

(6)对于社会福利态度,71.40%的居民认为政府应该为老年人提供医疗保健服务,继续提升社会福利的力度,缩减城乡居民生活水平差异。

参考文献

1.陈玉光,张泽厚.论我国人口的家庭结构[J].人口与经济,1983(4):23-29.

2.胡湛,彭希哲.家庭变迁背景下的中国家庭政策[J].人口研究,2012,36(2):3-10.

3.刘英.我国城市家庭结构的规模和类型[J].社会,1984(5):5-9.

4.罗萍.论21世纪中国家庭变迁大趋势[J].长沙理工大学学报(社会科学版),1995(4).

5.马侠.中国家庭户规模和家庭结构分析[J].人口研究,1984,8(3):46-53.

6.沈崇麟.当代中国家庭变迁的两大趋势[J].当代中国史研究,2011(5):122-122.

7.田凯.科尔曼的社会资本理论及其局限[J].社会科学研究,2001(1):90-96.

8.唐灿,陈午晴.中国城市家庭的亲属关系——基于五城市家庭结构与家庭关系调查[J]. 江苏社会科学，2012(2):92-103.

9. 王润平. 当代中国家庭变迁中的文化传承方式探析[J]. 社会科学战线，2004(3):273-274.

10. 王跃生. 个体家庭、网络家庭和亲属圈家庭分析——历史与现实相结合的视角[J]. 开放时代，2010(4):83-99.

11. 周红云. 社会资本理论述评[J]. 马克思主义与现实，2002(5):29-41.

4　生活与消费方式

随着时代的变迁、科技的更迭，人们的生活方式逐渐发生变化。生活方式的改变不仅影响着人们的生活状态，而且还影响着国家政策的执行。世界卫生组织认为：健康＝生活方式（60％）＋遗传因素（15％）＋社会因素（10％）＋医疗因素（8％）＋气候因素（7％）。由此可见，生活方式与人的健康状况密切相关。2017 年 5 月，中共中央政治局就推动形成绿色发展方式和生活方式进行第 41 次集体学习，习近平总书记在主持学习时强调，要充分认识形成绿色发展方式和生活方式的重要性、紧迫性、艰巨性，把推动形成绿色发展方式和生活方式摆在更加突出的位置（郭长军等，2017）。对于居民生活方式的调查研究不仅有助于了解山东省城乡居民的生活状态，而且还可为政府民生战略部署和更加科学地改善居民的生活水平提供决策依据。

随着生活水平的提高，生活方式逐渐引起国内学者的广泛关注。20 世纪 80 年代初以来，生活方式已成为我国社会学研究中的一个重要概念。中国对生活方式的研究主要借鉴苏联以及西方学者的观点。对于生活方式的概念，马克斯·韦伯认为："一种'生活方式'对于地位受尊敬的程度的决定作用意味着，地位群体是一套'习俗惯制'的专门拥有者"（Weber，1946）。凡勃伦指出，尊荣的重要标志就是"有闲的生活方式"，并认为"使用这些更加精美的物品既然是富裕的证明，这种消费行为就成为光荣的行为；相反地，不能按照适当的数量和适当的品质来进行消费，意味着屈服和卑贱"（凡勃伦，1964）。韦伯与凡勃伦均认为，不同的阶级拥有着不一样的生活方式，生活方式可以显现出一个人的尊贵程度。马克思和恩格斯同样认为，生活方式是区别阶级的重要标志（高丙中，1998）。

因此，生活方式的概念有广义和狭义之分。广义的生活方式是指，人们的生活领域应当涵盖劳动生活、政治生活、物质消费生活、闲暇和精神文化生活、交往生活、宗教生活等广阔领域,因而人们的生活需求和生活活动应当包括上面所指的一切。狭义的生活方式主要把生活限定在日常生活领域,如物质消费、闲暇和精神文化生活、家庭里的生活活动等,即衣、食、住、行、乐(王雅林,1995;符明秋,2012)。

本部分基于山东综合社会调查的数据,对山东省城乡居民的生活方式进行描述分析。这里采用生活方式的狭义概念,聚焦于山东省城乡居民的生活基本概况、休闲方式与消费方式。

4.1 生活基本概况

山东省城乡居民主要通过报纸、杂志、广播、手机定制消息、电视和互联网等媒体获取信息。居民在这 6 种媒介上所花费的时间成本,体现了居民获取信息的途径偏好,同时也在一定程度上反映了居民的日常生活状况。针对以上 6 种媒介使用情况问题,调查通过从不、很少、有时、经常、非常频繁 5 个维度进行综合描述。

居民使用报纸和杂志的比重较小,经常使用的频率分别为 8.57%和 5.44%。如图 4-1 所示,超过 60.00%的居民从不使用纸媒,其中,62.97%的居民从不使用报纸,65.99%的居民从不使用杂志,很少使用报纸和杂志的居民比重分别为 19.67%和 19.03%。广播和手机定制消息的使用状况与报纸等纸质媒介较为相似,分别有 59.64%和 72.55%的居民表示从不使用广播和手机定制消息,经常和非常频繁使用的比重也较小,分别为 6.89%和 3.51%。

电视在人们的生活中十分普及。从不和很少使用电视的居民比重分别为 4.74%和 10.06%。85.15%的居民表示会使用电视媒体,经常使用电视媒体的居民比重高达 40.18%,非常频繁地使用电视的居民比重为 28.30%,有时使用电视的居民比重为 16.67%。互联网(包括手机上网)作为新兴媒体,已经在人们的生活中流行开来。48.33%的居民从不使用互联网,主要为老年人,经常和频繁使用互联网的居民比重为 41.80%。由此可见,互联网在山东省城乡居民的生活中已经发挥着重要作用,成为人们使用频率仅次于电视的重要媒介。

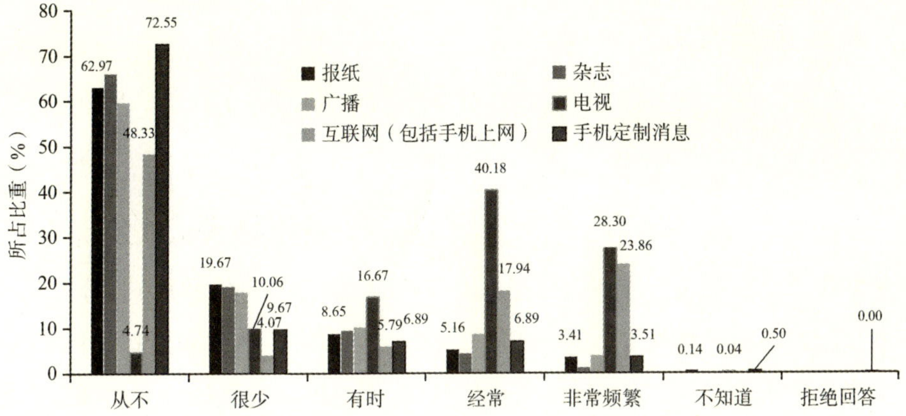

图 4-1　过去一年对媒介的使用

如图 4-2 所示，55.59%和 38.26%的居民将电视和互联网(包括手机上网)作为获取主要信息的来源。其他媒介如报纸、杂志、广播、手机定制消息等比重较小，其中，将杂志作为主要信息获取来源的居民比重最小，仅为 0.20%。因此，电视和互联网在山东省城乡居民的生活中占据着重要地位，而传统的纸媒、广播等作为媒介传播消息的作用在逐渐降低。

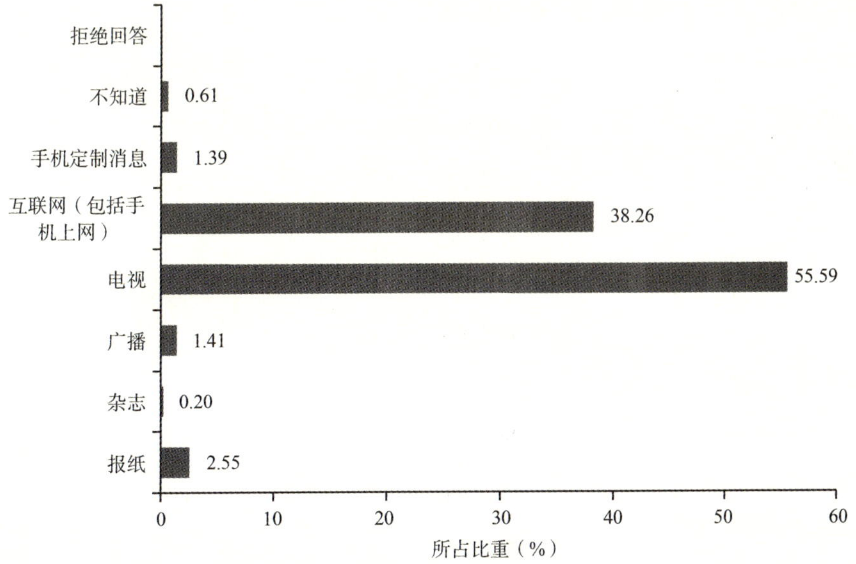

图 4-2　作为最主要信息来源的媒介

4.2 休闲方式

4.2.1 日常休闲活动

本调查将居民在过去一年空闲时间内从事看电视、购物、看电影等 12 种休闲活动的情况,按照每天、一周数次、一月数次、一年数次或更少、从不、不知道、拒绝回答 7 个维度进行描述。根据休闲方式的功能,可以将休闲方式分为身心恢复型与身心发展型两类。身心恢复型休闲方式以恢复体力和休息为目的,身心发展型休闲方式以发展自我为目的。其中,看电视或看碟、出去看电影、逛街购物、在家听音乐、与亲戚朋友聚会、现场观看体育比赛、上网等属于身心恢复型休闲方式;读书/报纸/杂志、参加文化活动(如听音乐会,看演出和展览)、参加体育锻炼、做手工(如刺绣、木工)等属于身心发展型休闲方式。

总体来看,过去一年时间内,居民休闲活动参与度较低,业余生活不丰富,以看电视、上网为主。如表 4-1 所示,在过去一年的空闲时间中,每天看电视或看碟的居民有 58.54%,21.79%的居民从事该活动的频率为一周数次,从不看电视的人仅占 6.10%。在上网方面,39.45%的居民会每天上网,48.65%的居民则表示从不上网。由此可见,看电视或看碟和上网已经是山东省城乡居民比较普遍采用的休闲活动方式。

表 4-1 过去一年空闲时间从事身心恢复型休闲活动情况

项目	每天(%)	一周数次(%)	一月数次(%)	一年数次或更少(%)	从不(%)	不知道(%)	拒绝回答(%)
看电视或看碟	58.54	21.79	8.20	5.26	6.10	0.13	0.0
出去看电影	0.14	1.35	9.41	24.19	64.67	0.23	0.0
逛街购物	3.40	15.44	32.45	25.07	23.35	0.29	0.0
与不住在一起的亲戚聚会	0.79	6.28	20.43	58.72	13.35	0.38	0.05
与朋友聚会	3.30	11.52	25.89	40.60	18.28	0.28	0.13
在家听音乐	11.50	15.69	11.06	14.04	47.05	0.61	0.04
现场观看体育比赛	0.32	1.18	2.46	10.52	85.05	0.43	0.04
上网	39.45	7.57	2.08	2.01	48.65	0.20	0.04

选择每天、一周数次和一月数次逛街购物的居民比重分别为 3.40%、15.44%和 32.45%,合计为 51.29%。可见,逛街购物是一种比较受欢迎的休闲活动,大多数居民至少会在一个月内进行数次逛街购物活动。

选择每天、一周数次、一月数次与朋友聚会的居民合计比重为 40.71%,选择很少与朋友聚会的居民比重为 40.60%。但是,超过 70.00%的居民表示从不或很少与不住在一起的亲戚聚会。相对于亲戚来讲,朋友更有可能成为山东省城乡居民聚会的对象。

47.05%的居民表示从不在家听音乐,选择每天、一周数次、一月数次听音乐的居民合计约为 38.00%,14.04%的居民选择"一年数次或更少"听音乐。出去看电影比重较小,64.67%的人从不出去看电影,24.19%的人一年去数次或更少。选择每天、一周数次和一月数次看电影的居民总比重不足 10.00%。在现场观看体育比赛方面,约 85.00%的居民表示空闲时间从不参加此项活动。可见,体育赛事现场观看活动在山东省城乡居民中被接受程度较低。

如图 4-3 所示,52.67%的居民表示从不在空闲时间读书、报纸或杂志。17.79%的居民表示从事该活动的频率为一年数次或更少,会常常读书、报纸或杂志的居民比重为 29.20%。71.37%的居民表示从不参加文化活动,21.30%的居民表示很少参加文化活动。可见,居民对文化活动的参与度较低。

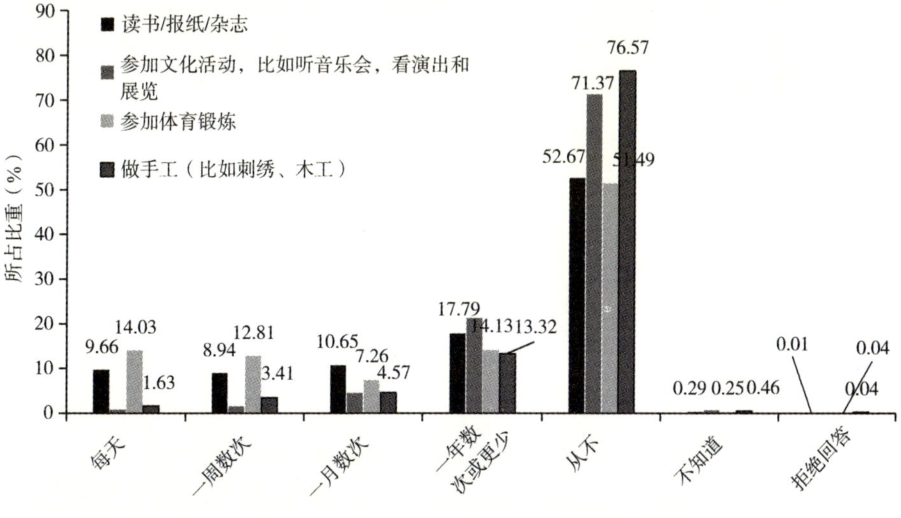

图 4-3 过去一年空闲时间从事身心发展型休闲活动状况

51.94％的居民表示从不参加体育锻炼，选择每天、一周数次、一月数次参加体育锻炼的居民合计比重为34.10％，居民锻炼身体、保持健康的意识有待提升。在做手工(如刺绣、木工)方面，76.57％的居民表示从不在空闲时间参与此活动，仅有9.61％的居民会一月数次参加手工活动。山东省城乡居民参与身心发展型休闲活动的比重均较小。

总体来说，看电视或看碟、上网是较多的居民每周数次进行身心恢复型的休闲活动，比重分别为80.33％和47.02％。参加体育锻炼和读书、报纸等主要身心发展型活动的比重分别为26.84％和18.60％。由此可以看出，相对于身心发展型的休闲活动，城乡居民更倾向于选择身心恢复型的休闲活动，室内活动比室外活动更受欢迎。

4.2.2 其他休闲活动

除了日常休闲活动，本调查对城乡居民过去一年的阅读、上网、社交、学习等其他休闲活动做进一步分析。如图4-4所示，在过去一年中，80.00％左右的居民都没有进行读书活动。其中，77.49％的居民在过去一年没有读过书，74.85％的居民表示从未读过报纸和杂志。过去一年中，只有13.26％的居民阅读了4本及以上的书籍，13.67％的居民读过4本及以上的报纸和杂志。

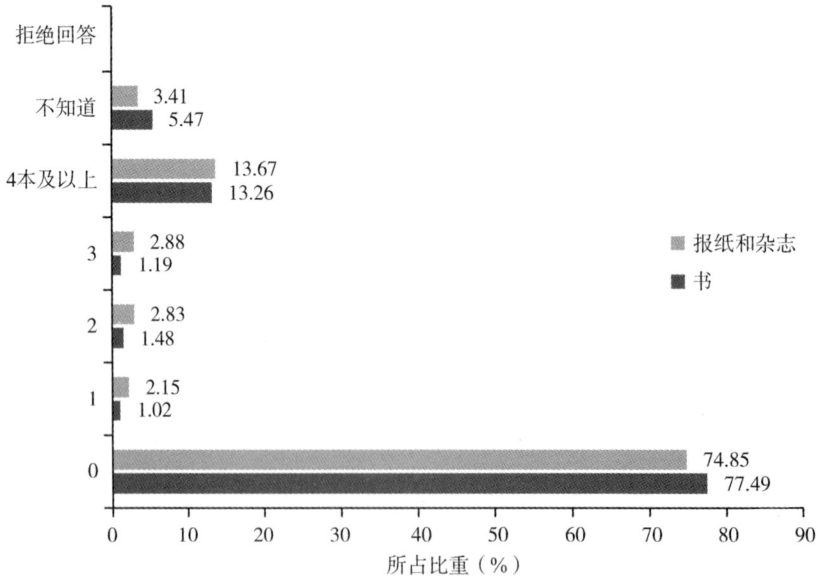

图4-4 过去一年阅读频率

如图 4-5 所示，在过去的一年中，54.18%的居民表示从未花费时间通过电脑上网或微信、微博等各类手机应用阅读资讯和文章，19.11%的居民表示每天阅读网络资讯和文章的时间不足 1 小时，13.14%的居民表示每天会在此项目上花费 1～2 小时，10.90%的居民表示每天会花费 2 小时以上。在阅读途径方面，居民更易选择网上阅读，比重明显大于书籍和杂志。

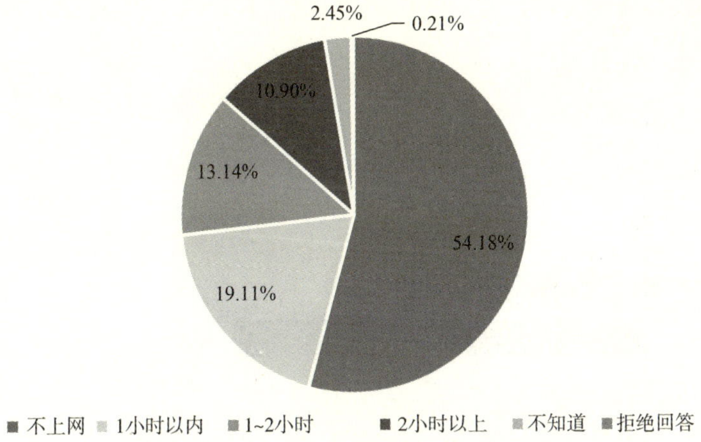

图 4-5　过去一年阅读网络资讯和文章的时间

86.09%的居民表示有自己单独使用的手机，仅有 13.78%的居民表示没有自己单独使用的手机。可见手机应用十分普遍，已经成为山东省大部分城乡居民的生活必备品（见图 4-6）。

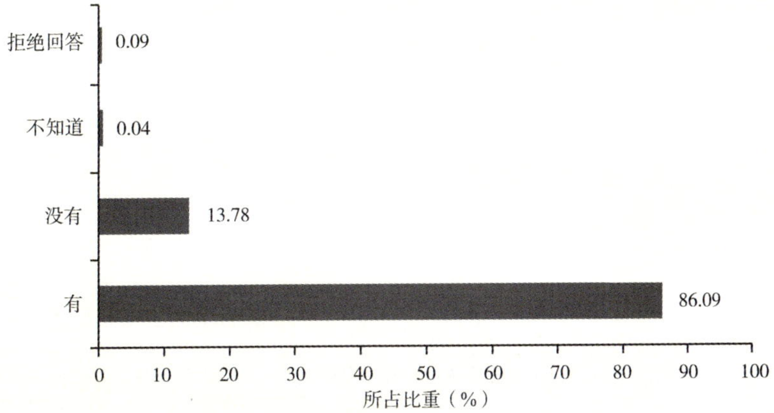

图 4-6　对是否拥有自己单独使用的手机的统计

居民最近半年上网情况(包括使用电脑、手机、智能穿戴等各种设备上网)的调查结果显示,51.29%的居民表示最近半年上过网,48.49%的居民表示没有上过网。同时,67.03%的居民表示其家属上过网,29.93%的居民表示其家属没有上过网。随着社会经济的发展,网络也已经成为人们休闲的重要方式,城乡居民利用空闲时间进行上网的比重逐渐增长(见图 4-7)。

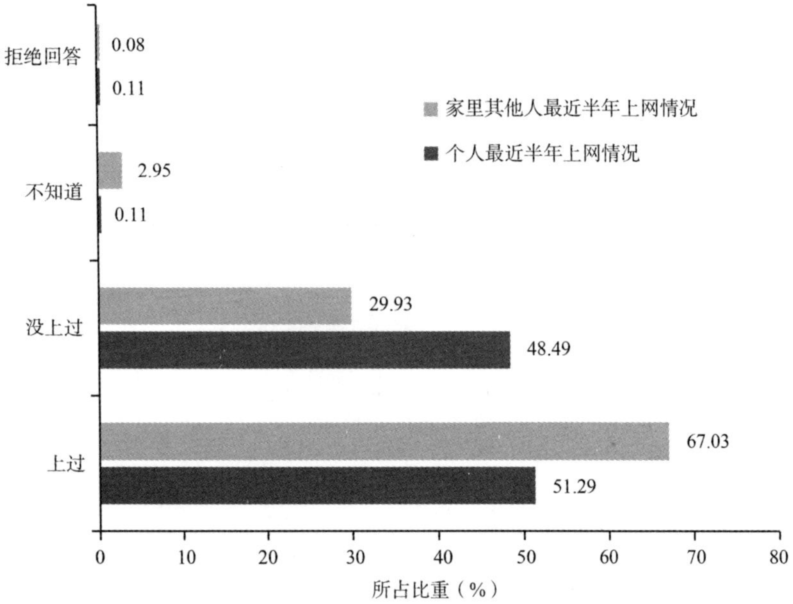

图 4-7 最近半年个人、家里其他人上网情况

最近一年使用微信和支付宝的居民中,61.83%和 69.02%的居民表示没有用过微信或支付宝进行支付,主要为 60 岁以上居民;37.82%和 30.59%的居民表示用过微信或支付宝。山东省城乡居民使用微信和支付宝的频度相似,二者已经成为人们进行交易支付的重要方式(见图 4-8)。

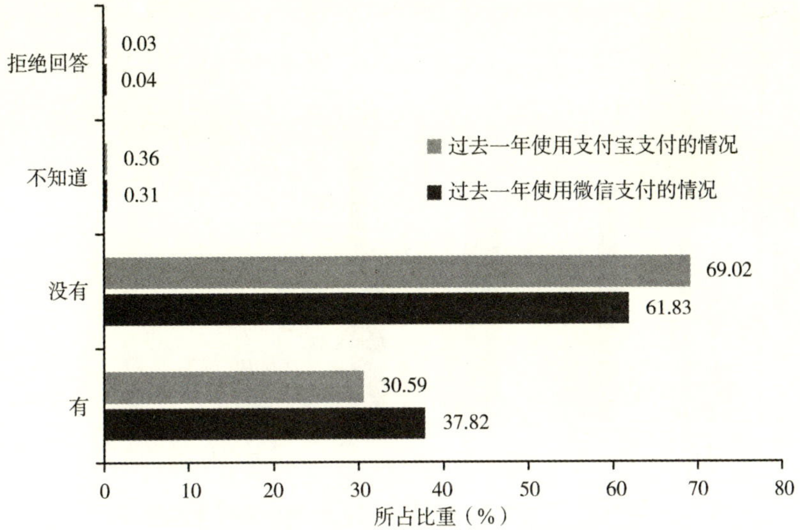

图 4-8　过去一年使用微信、支付宝支付的情况

在过去一年中，有时、经常、非常频繁地进行社交活动的居民比重分别是 28.62%、21.61%、5.60%，合计为 55.83%。而 34.67%的居民表示很少进行社交活动，9.49%的居民表示从不进行社交活动。83.82%的居民表示进行了不同程度的休息放松，其中选择有时休息的居民比重为 32.84%，选择经常休息的居民比重为 41.51%，选择非常频繁休息的居民比重为 9.47%，2.69%和 13.29%的居民分别表示从不休息和很少休息。经常进行学习的居民比重为 25.32%，而有 74.17%的居民从不或很少进行学习充电活动。相比学习充电，城乡居民更易选择休息放松和社交活动(见图 4-9)。

在与邻居、其他朋友进行社交娱乐活动中，如图 4-10 所示，52.44%的居民会每月多次与邻居进行一定程度的社交娱乐活动，其中几乎每天都进行或每周 1～2 次的比重相近，比重分别为 18.36%和 18.07%，每个月几次的比重为 16.01%，同时有 15.81%的居民从来不与邻居进行社交娱乐活动。50.21%的居民会与其他朋友一个月数次进行一定程度的社交娱乐活动，其中 22.31%的居民选择每月几次，比重最大，选择一周 1～2 次与几乎每天的比重分别为 18.02%和 9.88%，而 11.68%的居民从不与其他朋友进行社交活动。

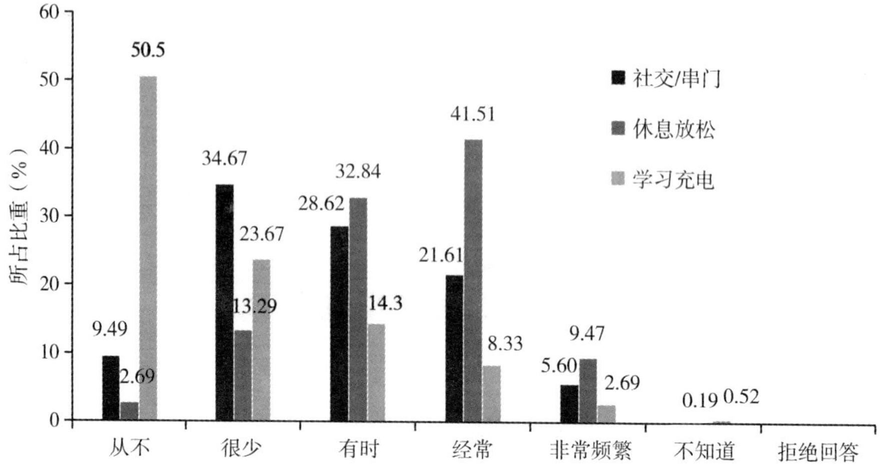

图 4-9　过去一年进行社交、休息、学习的频繁程度

可见，与邻居每天进行娱乐休闲的居民明显多于与朋友每天进行休闲娱乐活动的居民。若按照月或年度划分，与朋友进行休闲娱乐的居民却多于与邻居进行休闲娱乐的居民。

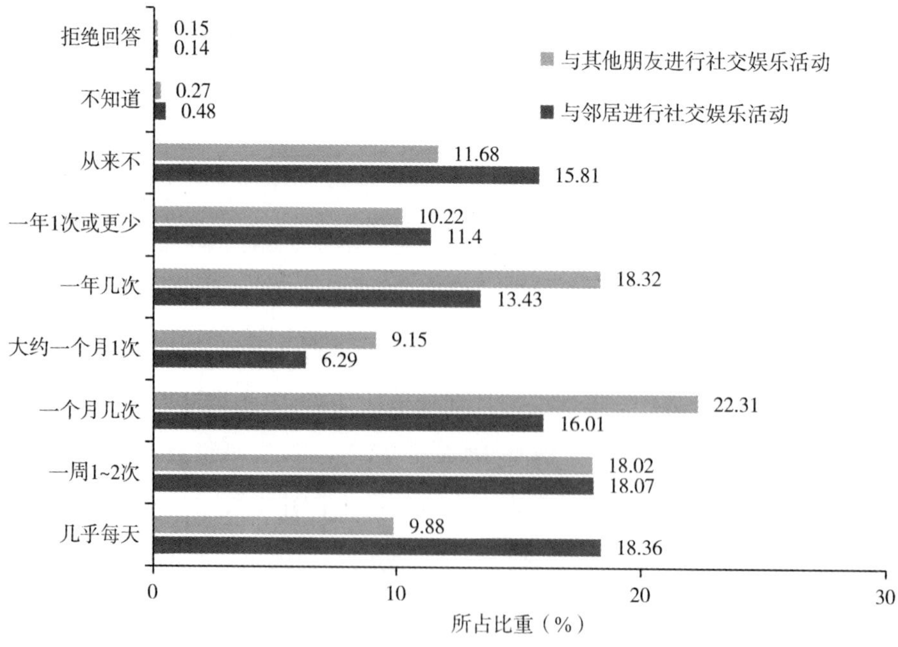

图 4-10　与邻居、其他朋友进行社交娱乐活动的频繁程度

过去一年中居民因度假或探访亲友未在家过夜的情况如图 4-11 所示，67.36%的居民表示从未出现过因度假或探访亲友不在家过夜的事件。14.99%的居民表示在度假或探访亲友时不在家过夜的频率为 1～5 个晚上。选择 6 个晚上及以上的居民比重为 15.47%。由此可见，大部分居民进行度假或探访活动不多，离家且不在家过夜的次数较少。

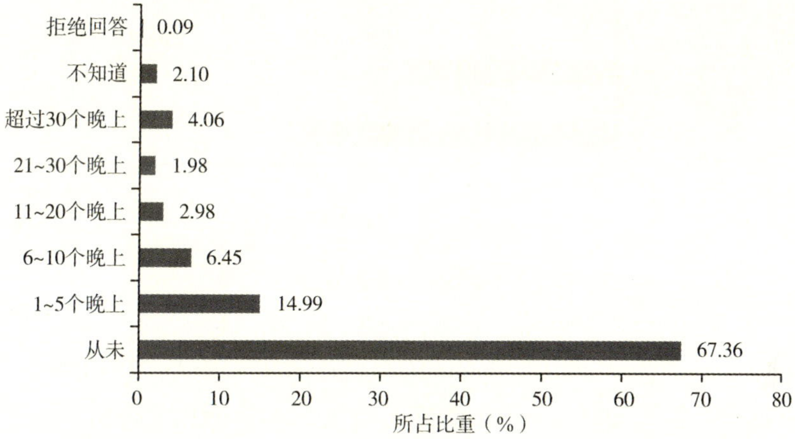

图 4-11 过去一年因度假或探访亲友未在家过夜情况

4.3 消费方式

消费方式是指消费者消费生活资料或劳务所采取的方法、途径和形式，是消费者作为社会的人在消费生活中形成一定社会关系的方式。本调查对山东省内城乡居民过去一年的消费方式（主要是食品、服装、通信、住房、休闲娱乐、医疗等 10 项支出情况）进行了统计分析。

如图 4-12 所示，家庭年均食品支出（包括食用自产农产品按市价折算的金额）为 8818.58 元，其中 22.79%的居民表示过去一年全家食品支出在 5000 元以下。居民全家食品的支出在 5001～10000 元、10001～15000 元、15001～20000 元以及 20000 元以上的比重分别为 14.83%、2.45%、7.82%和 5.54%。46.56%的居民选择了不知道和拒绝回答，对于家庭支出问题较为敏感和模糊，难以准确回答。

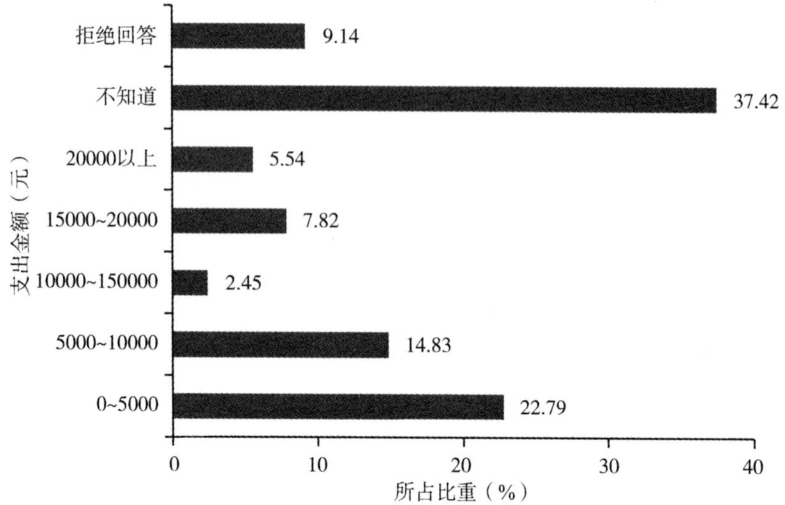

图 4-12　食品支出

如图4-13所示,家庭年均服装支出为2609.2元。其中,支出金额低于1500元的家庭比重为29.90%,支出金额超过6000元的家庭比重为9.60%,支出金额在1500～3000元的家庭比重为9.37%,而不知道具体支出金额的居民比重较大,为33.51%。家庭年均消费品支出为1861.18元。其中,支出金额在6000元以下的家庭比重为48.78%,比重最大,支出超过6000元的家庭比重为6.04%,表示不知道具体支出金额的居民比重为36.66%。家庭年均交通通信支出为3111.08元。其中,支出金额在1500元以下的居民比重为40.60%,居于首位,10.11%的家庭支出金额超过6000元,不知道具体支出金额的居民比重为30.49%。

居民家庭的服装支出、消费品支出和交通通信支出主要集中在1500元以下,交通通信支出的比重最大,其次是消费品。而不知道过去一年中家庭在这三项活动中的支出金额的居民也占有较大比重,由此可见,山东省城乡居民对家庭消费支出并未进行准确记账。

家庭年均住房支出(住房装修、维修或扩建等)为5099.48元。51.10%的家庭在近一年中未在该项上有任何支出,9.88%的居民住房支出金额在5000元以下,支出金额超过10000元的比重较小,为4.49%,而23.09%的居民表示不知道支出金额(见图 4-14)。

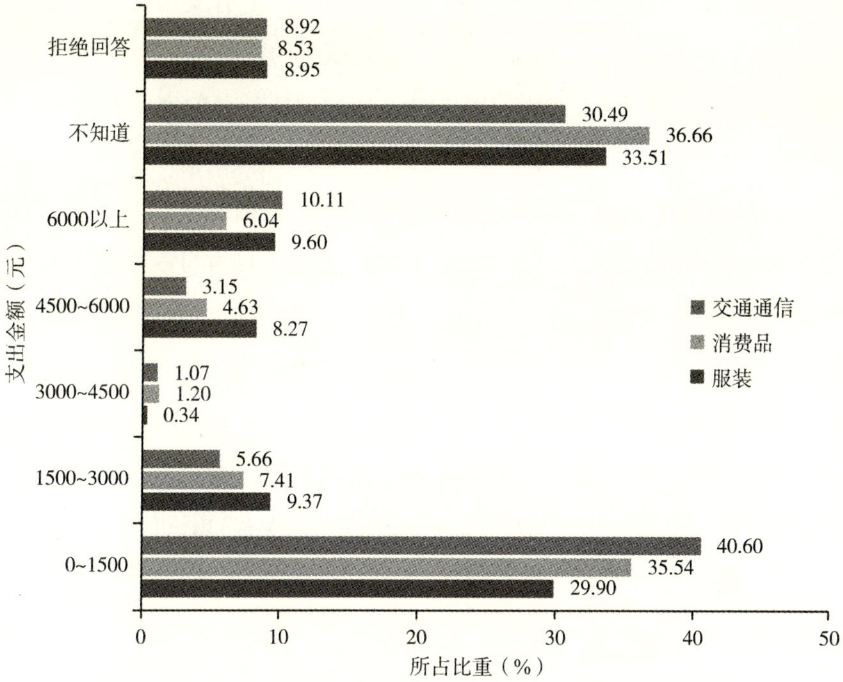

图 4-13 服装、消费品、交通通信支出

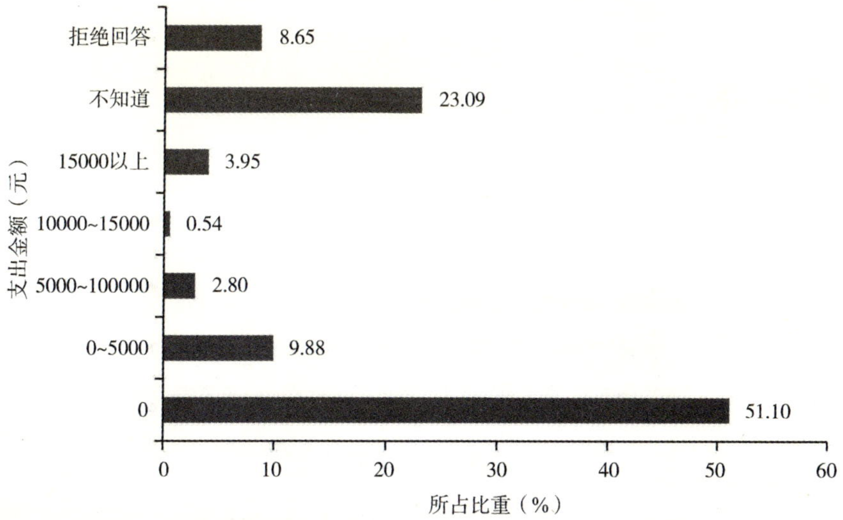

图 4-14 住房支出(住房装修、维修或扩建等)

如图 4-15 所示，家庭耐用消费品年均支出(电视机、冰箱、洗衣机等)为 1466.25 元。51.10%的家庭在近一年来未在该项目上有支出，11.87%的家庭支出金额在 3000 元以下，支出金额在 6000 元以上的家庭比重为 5.68%。家庭文化休闲娱乐年均支出(含旅游)为 1304.66 元。45.18%的家庭在过去一年内从未在该项上有过支出，12.10%的家庭文化休闲娱乐支出低于 3000 元，支出金额高于 6000 元的比重为 5.61%。家庭关于教育、培训的年均支出为 4316.91 元。39.17%的家庭在过去一年内从未在教育、培训方面有过支出，13.01%的家庭表示在该项的支出超过 6000 元，比重大于耐用消费品和文化休闲娱乐支出。40.00%左右的家庭在过去一年都没有在耐用消费品、文化休闲娱乐、教育和培训这三方面有支出，而 30.00%的居民对这三方面支出拒绝回答和不了解。总体上，山东省城乡居民教育和培训的年均支出高于家庭耐用消费品支出和文化休闲娱乐支出，居民更加注重教育，而对休闲娱乐的关注度较低。

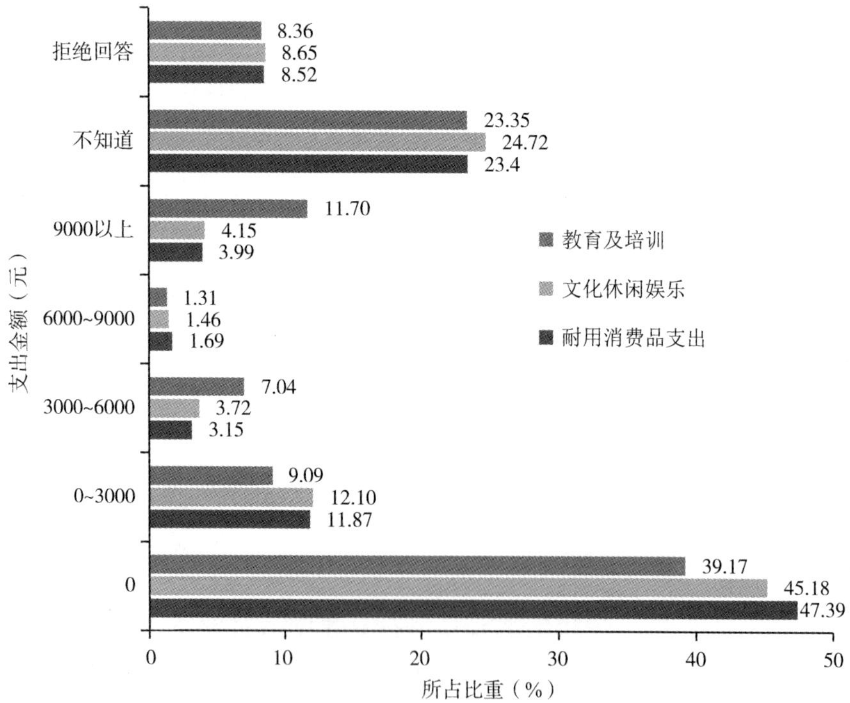

图 4-15　耐用消费品、文化休闲娱乐、教育及培训支出

家庭年均医疗支出为4401.5元。过去一年在该方面支出金额在5000元以下的家庭比重最大，为52.91%，仅5.09%的家庭近一年医疗支出金额高于5000元，在家庭支出中的比重较大。同时，28.65%的家庭表示不知道具体的医疗支出金额(见图4-16)。

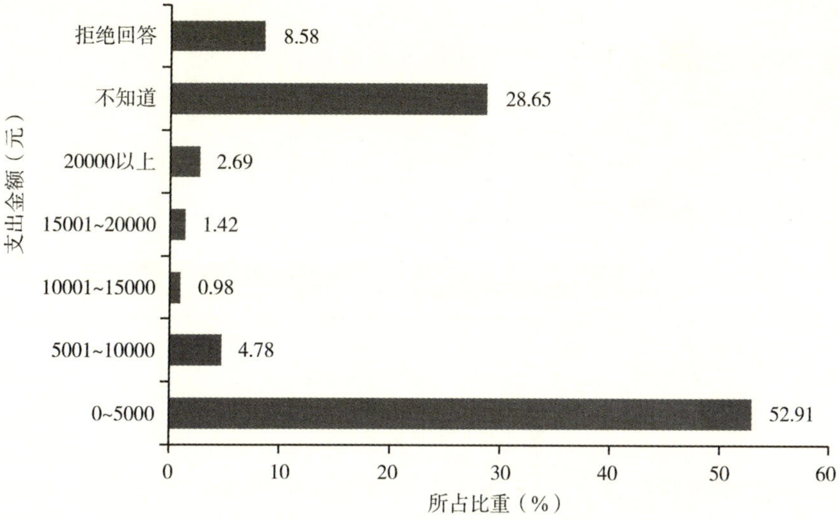

图4-16 医疗支出(不含医疗保险报销金额)

家庭年均网络购物支出为1960.78元。55.13%的家庭网购支出在2500元以下，年均网购支出在10000元以上的比重为3.45%；24.12%的家庭不清楚近一年的家庭网购支出，对网购不了解。可见，网络购物已经成为山东省城乡家庭重要的消费渠道，选择网络购物的比重逐渐增长，消费额度也在不断提高(见图4-17)。

4.4 小结

本部分的要点总结如下：

(1)传统的纸媒、广播等作为媒介传播消息的作用在降低，经常和频繁使用的频率比重不足15.00%；电视和互联网在人们的生活传播消息中占据着重要地位，经常和频繁使用的频率比重分别为68.48%和41.80%。尤其是互联网，在山东省城乡居民生活中的作用越来越突出。

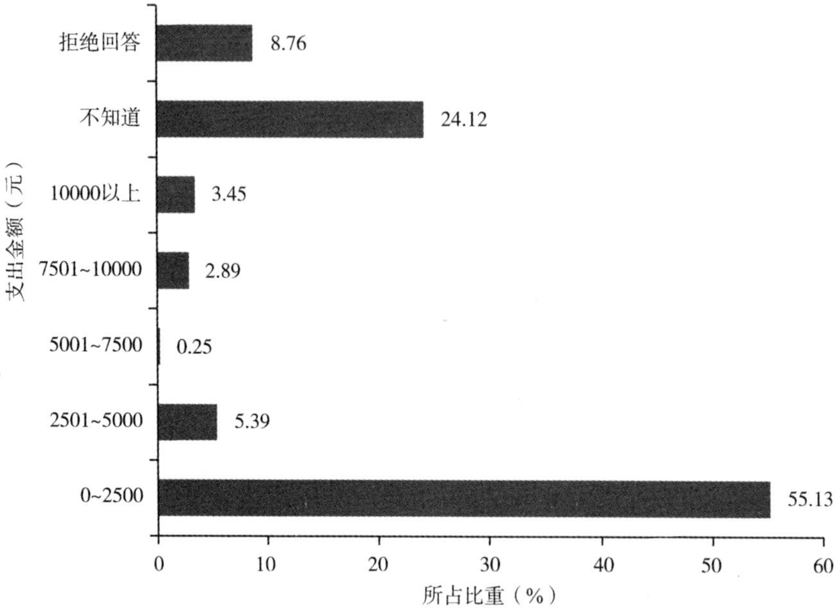

图 4-17　网上购物支出

(2)在休闲方式方面,相对于身心发展型休闲方式,城乡居民更倾向于选择身心恢复型休闲方式。平均 60.00%以上的居民会在一年内进行数次身心恢复型休闲活动,看电视、朋友聚会和购物比重较大,分别为 93.79%、81.31%和 76.36%。而平均低于 40.00%的居民会选择在一年内进行身心发展型休闲活动,参加文化活动和做手工的比重仅为 28.63%和 23.43%。山东省城乡居民休闲方式以享受为主,自我发展不足。

(3)总体上,居民家庭年均消费支出以食品、住房为主,分别为 8818.58 元和 5099.48 元,在医疗、教育方面的支出为 4401.5 元和 4316.91 元,而休闲文化娱乐支出为 1304.66 元;同时,关于住房、耐用消费品、休闲文化娱乐等项目有支出的比重均小于 50.00%,说明山东省城乡居民的消费仍然以日常的衣食住行和教育医疗为主,休闲娱乐性消费比重较小。互联网购物的家庭年均消费支出为 1960.78 元,高于日常消费品支出和耐用消费品支出,且参与比重为 68.26%,网络购物已经成为山东省城乡居民重要的消费方式。

参考文献

1. Weber, Max. From Max Weber: Essays in Sociology[M]. New York: Oxford University Press, 1946: 190, 187-188.

2. 凡勃伦. 有闲阶级论[M]. 北京:商务印书馆, 1964: 56-57.

3. 符明秋. 国内外生活方式研究的新进展[J]. 成都理工大学学报(社会科学版), 2012, 20(3): 1-6.

4. 高丙中. 西方生活方式研究的理论发展叙略[J]. 社会学研究, 1998(3): 61-72.

5. 郭长军,苏永利,郭禹辰. 充分认识形成绿色发展方式和生活方式的重要意义——深入学习习近平总书记关于《推动形成绿色发展方式和生活方式 为人民群众创造良好生产生活环境》重要讲话精神[J]. 改革与开放, 2017(21): 5-6.

6. 王雅林. 生活方式研究评述[J]. 社会学研究, 1995(4): 41-48.

5　生活满意度和幸福感

自古以来，人的幸福就受到广泛关注。对幸福的研究与论述，最早可以追溯至古希腊时期。提升居民的生活满意度和幸福感，是政府、社会以及个人共同的目标。虽然经济与社会在不断发展，人民的生活水平在不断提高，但是物质生活的丰富，似乎并不能使人们比以前更幸福和快乐，不一定能够提高人们的生活满意度与幸福感。

生活满意度和幸福感是表示对当前生活质量是否满意的重要指标，可检验城乡居民的社会价值观和自我认知。研究发现，收入、健康状况、人格特质、社会关系以及政府提供公共服务的水平等主客观因素都可影响到人们的主观幸福感与生活满意度（段建华，1996；黄立清等，2005；陈振环等，2016）。还有一些特殊因素会影响到特殊群体的满意度与幸福感，如成绩与自我效能感是学生群体主观幸福感的特殊影响因素（宋灵青等，2010；曹飞等，2018）；而家庭因素与健康状况是研究老年人生活满意度与主观幸福感所需要特别考虑的（亓寿伟等，2010）。

同时，关于主观幸福感的测量表也是学者们研究的重点。主观幸福感是人的主观感受和评价，具有主观性、相对稳定性与整体性。它是难以捉摸的，并不能够被直接测量，所以学者们建构了各种指标来间接测量主观幸福感。一般情况下，学者们均比较赞同把主观幸福感分为正性情感、负性情感与生活满意度 3 个维度。Bradburn 的影响平衡量表被用来测量主观幸福感，分别衡量“积极”和“消极”因素。Diener，Pavot 和 Diener 等设计的生活满意度量表（SWLS）用于衡量生活满意度的认知判断而不是因素本身（Ed Diener，1994）。国内学者对于主观幸福感测量的研究，主要沿用了国外同类研究的思路和方法，对国外的一些量表进行了修订。本部分的数据量表主要参考邢占军教授开发的《中国居民主观幸福感量表简表》。

本部分主要关注个体对生活满意度和幸福感的评价，通过生活满意度、主观幸福感状况以及自我幸福感评分和幸福感标准得分3个方面来展现山东省城乡居民对社会生活的心理现象。在生活满意度方面，本部分展现了拥有不同性别、年龄与学历水平的居民的生活满意度情况；在主观幸福感方面，研究了人们的身心健康体验情况与享有发展体验情况，全面地描述了山东省城乡居民对自己身体、心理、生活、社会关系等方面的感知与评价。

5.1　生活满意度

生活满意度是个人根据自身设定的标准对其生活质量作出的主观评价，受一定客观因素影响。本节基于山东综合社会调查数据，研究山东省居民的总体生活满意度、婚姻、家庭收入以及自然环境等具体生活领域的满意感，并具体分析性别、年龄和学历等客观因素对居民生活满意度的影响。

5.1.1　生活满意度基本状况

如图5-1和图5-2所示，人们对不同生活领域方面的满意程度是有所区别的。人们最满意的是婚姻生活，有91.90%的居民对自己的婚姻生活满意，其中，表示非常满意和满意的分别占25.41%和66.49%。在谈及“我对家里的收入感到满意”和“我对我周围的环境感到满意”的观点时，分别有61.96%和78.23%的居民表示同意这两个观点，34.77%和18.27%的居民表示不同意这两个观点。这说明有约1/3的居民认为，当前的经济状况与自己的期望水平还有一定的差距，部分居民认为当前的环境状况并不是很理想。虽然生活中或多或少地存在让人失望和不满意的地方，但总体来看，人们对自己整体生活的满意度较高，86.44%的居民表示对整体生活状况满意，大部分居民对整体生活状况持积极态度。

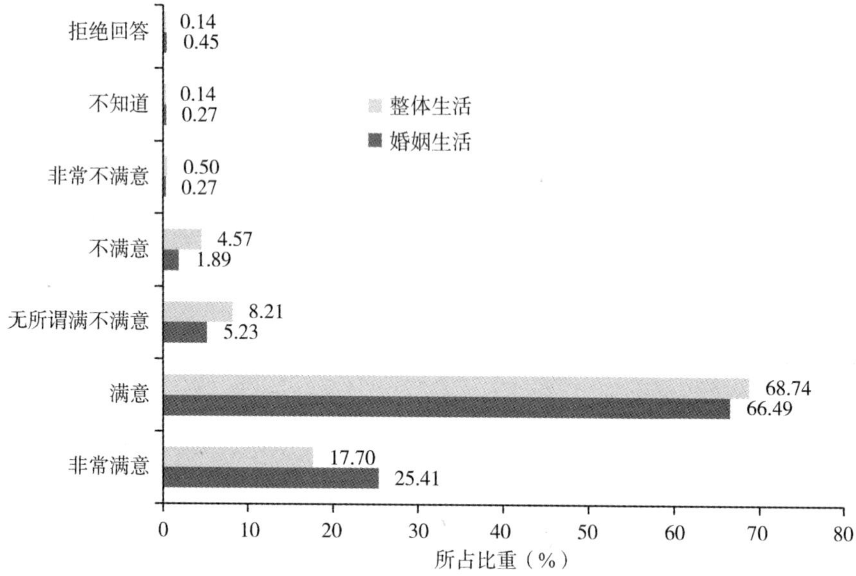

图 5-1　居民对整体生活与婚姻生活的认知

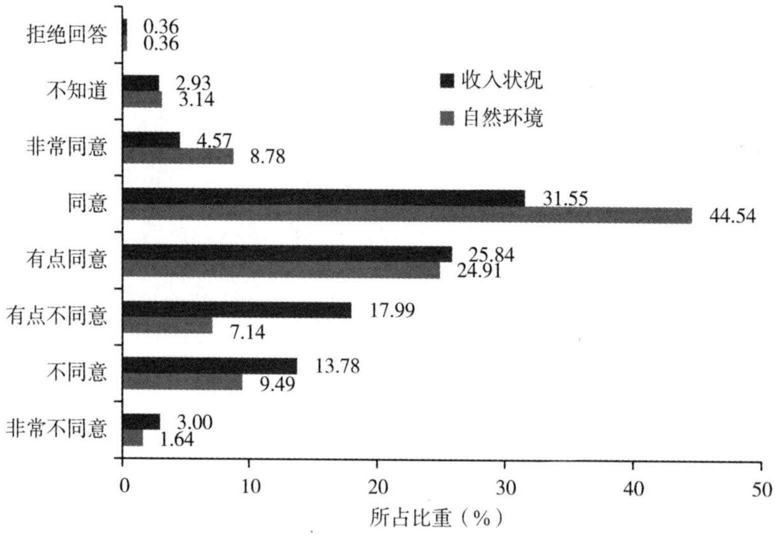

图 5-2　居民对家庭收入与自然环境的认知

5.1.2　性别与生活满意度

对不同性别居民的整体生活状况满意度差异进行分析发现，分别有 86.73% 的男性居民和 86.20% 的女性居民对目前的整体生活状况表示满意，分别有

4.26％的男性居民和5.73％的女性居民对目前的整体生活状况表示不满意。由此可以看出，虽然男性对生活状况满意的人数比重稍大于女性，女性对生活状况不满意的人数比重稍大于男性，但总体差异不大(见图5-3)。

图5-4的数据显示，在婚姻生活方面，男性的满意度明显高于女性，分别有30.94％的男性和20.85％的女性表示对婚姻生活非常满意，而在满意这个维度上，女性的比重略大于男性，分别为68.97％和63.47％。总体上，男性对婚姻生活的满意度高于女性。

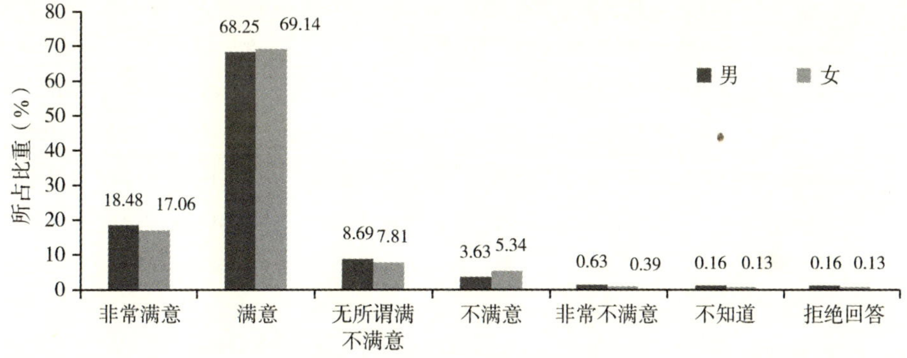

图5-3 生活整体满意度性别差异

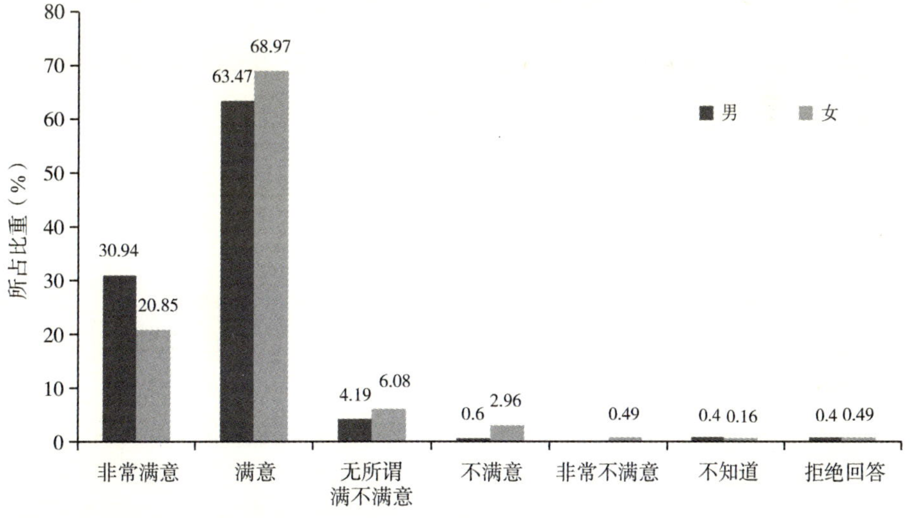

图5-4 婚姻生活满意度性别差异

5.1.3 年龄与生活满意度

随着年龄的增长,人们的生活态度逐渐发生变化,对生活的满意程度也有所不同。表 5-1 的数据显示,70 岁及以上的老年人对整体生活状况的满意度最高,其次是 18～29 岁的年轻人,87.10%的年轻人对整体生活的状况表示满意。随着年龄的增长,对生活状况的评价越来越低,40～49 岁达到最低点,之后会上升。由此可见,40～49 岁的中年人生活压力较大,对生活整体状况的满意度较低。

表 5-1 年龄对生活满意度的影响

项目	18～29岁(%)	30～39岁(%)	40～49岁(%)	50～59岁(%)	60～69岁(%)	70～79岁(%)	80 岁以上(%)
非常满意	20.16	12.88	13.21	15.92	17.74	27.78	22.86
满意	66.94	71.78	70.19	70.93	68.71	61.11	70.00
无所谓满不满意	7.26	7.36	9.43	8.65	8.39	7.78	5.71
不满意	5.65	7.36	5.66	3.46	4.19	3.33	1.43
非常不满意	0.00	0.61	0.75	1.04	0.32	0.00	0.00
不知道	0.00	0.00	0.38	0.00	0.32	0.00	0.00
拒绝回答	0.00	0.00	0.38	0.00	0.32	0.00	0.00

如表 5-2 所示,在对婚姻生活非常满意这个维度上,处于 70～79 岁的老年人比重最大,为 40.00%;其次是处于 18～29 岁的年轻人,为 31.11%。在对婚姻生活满意的维度上,76.67%的 80 岁以上老年人对自己的婚姻生活满意,其次是 50～59 岁的居民,对婚姻生活满意的比重为 70.94%。

表 5-2 年龄与婚姻生活满意度

项目	18～29岁(%)	30～39岁(%)	40～49岁(%)	50～59岁(%)	60～69岁(%)	70～79岁(%)	80 岁以上(%)
非常满意	31.11	28.38	22.71	21.51	23.44	40.00	20.00
满意	64.44	62.16	69.72	70.94	66.41	53.04	76.67
无所谓满不满意	2.22	5.41	4.38	5.66	5.86	6.09	3.33
不满意	0.00	2.03	1.99	1.13	3.52	0.87	0.00
非常不满意	0.00	0.68	0.00	0.38	0.39	0.00	0.00
不知道	0.00	0.68	0.00	0.38	0.39	0.00	0.00
拒绝回答	2.22	0.68	1.20	0.00	0.00	0.00	0.00

如图 5-5 和图 5-6 所示，将非常满意与满意的选项综合为满意，将不满意与非常不满意的选项综合为不满意，发现城乡居民对婚姻生活的满意度较高。各个年龄段的居民对婚姻生活的评价差异较为明显。18～29 岁的居民与 80 岁以上的居民对婚姻生活评价为满意的比重分别为 95.56％和 96.67％，均高于 95.00％。没有居民对婚姻生活表示不满意。处于 60～69 岁的居民仅有 89.84％的居民对婚姻生活表示满意，为各个年龄段中最低的；同时，处于该年龄段中的居民对婚姻生活表示不满意的人数比重最大。

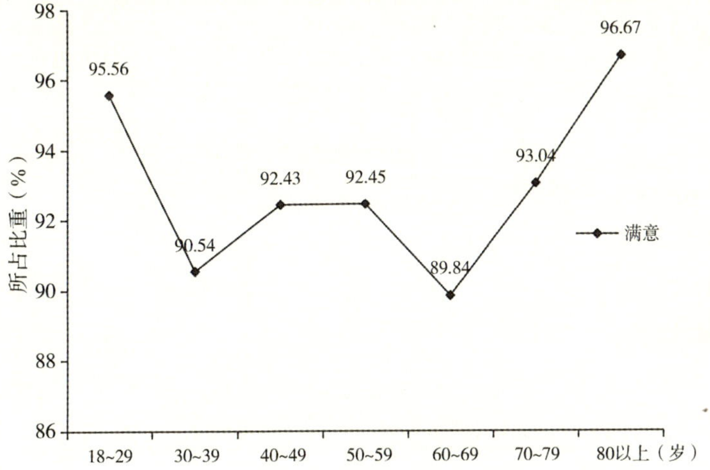

图 5-5　不同年龄对婚姻生活的满意情况

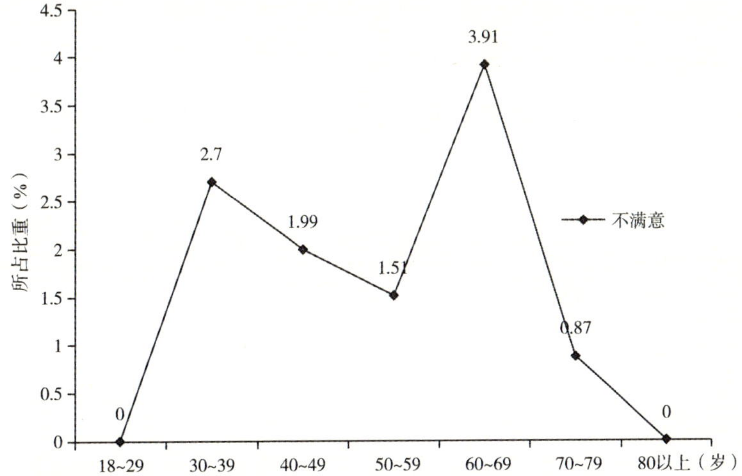

图 5-6　不同年龄对婚姻生活的不满意情况

表 5-3 的数据结果显示了不同年龄阶段居民对自然环境的认知。30～39 岁的居民对目前的自然环境不满意的比重为 22.70%,是所有年龄段中不满意比重最大的,其次是处于 40～49 岁的居民,不满意的比重为 21.13%。而 50～59 岁的居民是对自然环境满意度最高的群体,比重为 80.63%,其次是处于 60～69 岁的居民,比重为 80.32%。综合来看,处于 30～49 岁的青年人和中年人对目前的自然环境更为不满,而 50 岁以上的老年人对目前的自然环境较为满意。

表 5-3　年龄与对自然环境的认知状况

项目	18～29岁(%)	30～39岁(%)	40～49岁(%)	50～59岁(%)	60～69岁(%)	70～79岁(%)	80岁以上(%)
非常不同意	0.81	5.52	1.51	0.35	1.61	1.67	0.00
不同意	13.71	8.59	10.94	9.00	8.06	9.44	7.14
有点不同意	4.84	8.59	8.68	7.27	5.81	7.78	5.71
有点同意	28.23	23.93	24.53	26.30	24.19	22.78	25.71
同意	41.94	44.17	45.28	45.33	45.48	42.78	44.29
非常同意	8.06	6.75	7.92	9.00	10.65	11.11	2.86
不知道	1.61	1.84	0.75	2.77	3.55	4.44	14.29
拒绝回答	0.81	0.61	0.38	0.00	0.65	0.00	0.00

表 5-4 的数据结果显示,分别有 40.76%的 40～49 岁中年人和 39.27%的 30～39 岁青年人对家庭收入表示不满意,为所有年龄段中不满意比重最大的两个群体,说明作为家庭主心骨的青年人和中年人,对家庭收入有更高的期望。80 岁以上的居民对家庭收入状况不满意比重最小,为 4.29%,而对收入状况满意的比重最大,为 47.15%。

表 5-4　年龄与对家庭收入的认知状况

项目	18～29岁(%)	30～39岁(%)	40～49岁(%)	50～59岁(%)	60～69岁(%)	70～79岁(%)	80岁以上(%)
非常不同意	1.61	3.07	3.40	3.81	2.58	3.89	0.00
不同意	15.32	14.11	16.98	15.22	13.87	8.89	4.29
有点不同意	14.52	22.09	20.38	14.19	17.42	21.11	15.71
有点同意	23.39	30.67	24.15	29.76	25.48	21.67	21.43

续表

项目	18～29岁(%)	30～39岁(%)	40～49岁(%)	50～59岁(%)	60～69岁(%)	70～79岁(%)	80岁以上(%)
同意	36.29	25.77	30.94	31.49	30.32	32.22	42.86
非常同意	5.65	3.07	2.64	3.11	6.45	7.22	4.29
不知道	3.23	0.61	1.13	2.08	3.23	5.00	11.43
拒绝回答	0.00	0.61	0.38	0.35	0.65	0.00	0.00

5.1.4 学历与生活满意度

图 5-7 的数据结果显示，山东省城乡居民的受教育程度偏低。76.93%的居民拥有初中及以下学历，其中，28.69%的居民拥有初中学历，25.12%的居民拥有小学学历，21.84%的居民没有受过任何教育。

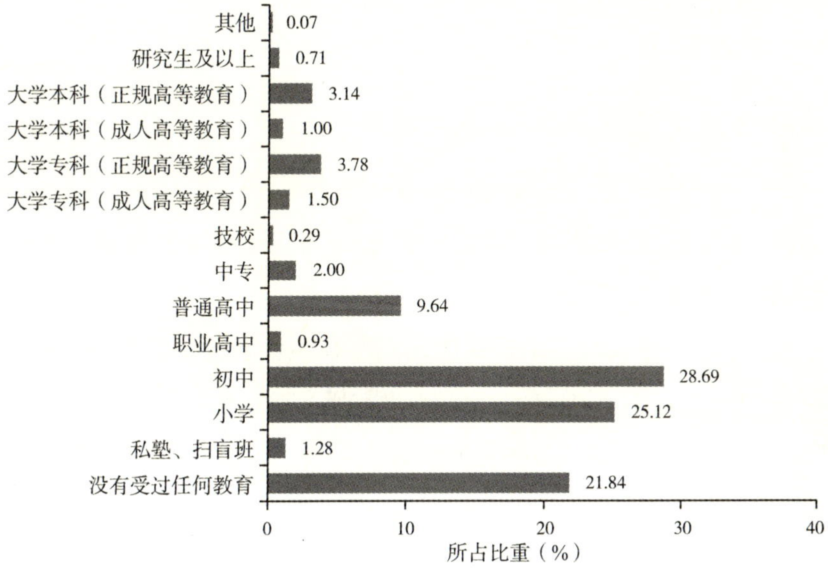

图 5-7 居民受教育程度

如表 5-5 所示，高中层次上，拥有普通高中学历的居民的满意度要高于拥有职业高中、中专、技校的居民，比重为 92.30%；大学专科层次上，88.68%的受过正规高等教育的居民对整体生活状况表示满意，高于受过成人高等教育的居民；大学本科层次上，分别有 90.91%的受过正规高等教育的居民和 85.71%的受过成人高等教育的居民表示对整体生活状态满意。可以看出，经过正规教育的居民的生活满意度比通过其他方式或途径获得同等学力的居民高。

表 5-5　不同层次学历上的生活满意度

学历	非常满意(%)	满意(%)	无所谓满不满意(%)	不满意(%)	非常不满意(%)	不知道(%)	拒绝回答(%)
没有受过任何教育	15.03	67.97	9.48	5.88	0.98	0.00	0.65
私塾、扫盲班	11.11	88.89	0.00	0.00	0.00	0.00	0.00
小学	21.31	61.93	10.51	5.40	0.28	0.57	0.00
初中	16.92	71.64	6.72	3.98	0.75	0.00	0.00
职业高中	30.77	38.46	23.08	7.69	0.00	0.00	0.00
普通高中	16.30	76.30	5.93	1.48	0.00	0.00	0.00
中专	21.43	71.43	3.57	3.57	0.00	0.00	0.00
技校	0.00	75.00	0.00	25.00	0.00	0.00	0.00
大学专科(成人高等教育)	14.29	71.43	4.76	9.52	0.00	0.00	0.00
大学专科(正规高等教育)	13.21	75.47	7.55	3.77	0.00	0.00	0.00
大学本科(成人高等教育)	35.71	50.00	7.14	7.14	0.00	0.00	0.00
大学本科(正规高等教育)	18.18	72.73	6.82	2.27	0.00	0.00	0.00
研究生及以上	10.00	80.00	10.00	0.00	0.00	0.00	0.00
其他	100.00	0.00	0.00	0.00	0.00	0.00	0.00

如图 5-8 所示,92.60%的拥有高中学历水平的居民表示对整体生活感到满意,比重最大,其次是本科及以上、初中、大学专科(正规高等教育、成人高等教育),而拥有小学水平及以下的居民表示对整体生活状况满意的比重最小,为 83.58%。大学专科学历层次的生活满意度在所有高等教育学历层次中最低,说明学历层次对生活的满意度有一定的影响。

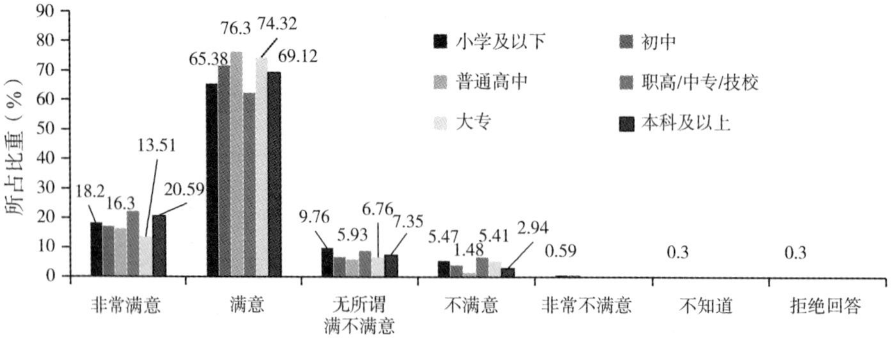

图 5-8　不同学历层次的生活满意度

表 5-6 的数据结果显示，因学历层次的不同，居民对婚姻生活的认知也有所不同，且这种关系呈现出一种“倒 V”形曲线关系。拥有普通高中学历的居民对婚姻生活满意度最高，比重为 94.59%，其次是拥有初中学历的居民，而拥有本科及以上学历的居民对婚姻生活满意度最低，比重为 87.18%。受过高等教育的居民对婚姻生活的满意度要比受过基础教育的居民低。

表 5-6　学历水平与婚姻生活满意度

学历	非常满意(%)	满意(%)	无所谓满不满意(%)	不满意(%)	非常不满意(%)	不知道(%)	拒绝回答(%)
小学及以下	21.90	69.38	6.01	1.94	0.19	0.19	0.39
初中	26.80	65.75	4.14	1.93	0.55	0.55	0.28
普通高中	26.13	68.47	4.50	0.90	0.00	0.00	0.00
职高/中专/技校	43.24	48.65	8.11	0.00	0.00	0.00	0.00
大专	31.82	59.09	2.27	4.55	0.00	0.00	2.27
本科及以上	30.77	56.41	7.69	2.56	0.00	0.00	2.56

表 5-7 的数据结果显示，24.32%的大专学历的居民对目前自然环境不满意，比重最大，其次是拥有本科及以上、初中、普通高中、小学及以下水平的居民，拥有职高/中专/技校学历水平的居民对自然环境满意度最高，比重为 80.01%。总体上，受过高等教育的居民对自然环境的满意度较低。

表 5-7　学历水平与自然环境生活满意度

学历	非常不同意(%)	不同意(%)	有点不同意(%)	有点同意(%)	同意(%)	非常同意(%)	不知道(%)	拒绝回答(%)
小学及以下	1.48	7.84	7.40	26.78	43.05	7.99	5.03	0.44
初中	1.24	11.69	7.21	23.13	45.77	9.95	1.00	0.00
普通高中	1.48	8.89	6.67	24.44	47.41	8.15	2.96	0.00
职高/中专/技校	2.22	4.44	8.89	15.56	55.56	8.89	4.44	0.00
大专	4.05	16.22	4.05	22.97	41.89	9.46	0.00	1.35
本科及以上	2.94	10.29	7.35	25.00	42.65	10.29	0.00	1.47

表 5-8 的数据结果显示，学历的高低与家庭收入满意度之间的关系并不是简单的线性关系，和婚姻生活满意度相似，也是一种“倒 V”形曲线关系。从小学

及以下学历到普通高中学历之间，学历越高的居民，对家庭收入的满意度越高。而从普通高中到本科及以上学历水平之间，学历越高的居民，对家庭收入的满意度越低。拥有普通高中学历水平的居民对家庭收入的满意度最高，为 70.73%。而在同等学力水平上，拥有职高/技校/中专学历的居民对家庭收入的满意度要低于拥有普通高中学历水平的居民。拥有高等教育学历水平的居民对家庭经济条件方面的期待高，这就会导致对家庭收入的满意度低。

表 5-8　学历水平与家庭收入满意状况

学历	非常不同意(%)	不同意(%)	有点不同意(%)	有点同意(%)	同意(%)	非常同意(%)	不知道(%)	拒绝回答(%)
小学及以下	2.96	13.61	19.82	25.44	28.55	4.88	4.14	0.59
初中	3.98	14.68	16.92	26.12	31.84	4.48	1.99	0.00
普通高中	1.48	13.33	14.07	25.19	41.48	3.70	0.74	0.00
职高/中专/技校	0.00	13.33	15.56	31.11	31.11	6.67	2.22	0.00
大专	1.35	14.86	12.16	22.97	40.54	4.05	2.70	1.35
本科及以上	4.41	10.29	22.06	29.41	29.41	2.94	1.47	0.00

5.2　主观幸福感

幸福感是现实生活人们的主观反映，它既与人们生活的客观条件密切相关，又体现了人们的需求和价值。人们的主观幸福感是由多种因素共同作用而产生的。幸福感的定义是“为人们所拥有的客观条件以及人们的需求价值等因素共同作用而产生的个体对自身的生存与发展状况的一种积极的心理体验，它是满意感、快乐感和价值感的有机统一”(刑占军，2011)。

山东综合社会调查问卷对主观幸福感的调查采用了邢占军教授开发的《中国居民主观幸福感量表简表》来测量主观幸福感状况。该量表包括 20 道题目，分为知足充裕体验(ESAB)、心理健康体验(EMH)、社会信心体验(ECS)、成长进步体验(EGP)、目标价值体验(EGPV)、自我接受体验(ESAC)、身体健康体验(EPH)、心态平衡体验(EPB)、人际适应体验(EAIR)、家庭氛围体验(EFA)等 10 个维度。本次调查中还加入了自然环境满意度方面的 1 道测题(EEF)。该量表采用 6 点计分，非常不同意、不同意、有点不同意、有点同意、同意、非常同意分别计 1～6 分。其中 11 道测题为反向计分，分值越高代表幸福感水平越高。

为了更加方便地对主观幸福感的 10 个维度的原始数据进行分析，了解各测题的基本情况，又将这 10 个维度进一步概括为身心健康体验和享有发展体验两个方面。

5.2.1 身心健康体验基本情况

身心健康体验主要反映的是人们是否作为一个健康的人而存在。测量人们对自己的身体健康和心理健康以及人际等方面的认知情况，主要包括人际适应体验、心理健康体验、身体健康体验、目标价值体验和心态平衡体验这 5 个维度。一个人是否具有或适应良好的人际关系，身体和心理是否健康，对于生活目标和价值是否有明确的认知以及心态是否平衡，都对其幸福感有不同程度的影响。

在人际适应方面，68.88％的居民表示自己能够正常地结交朋友，也并不觉得别人的朋友比自己多，对自己目前的人际关系较为满意。但仍有 17.63％和 23.63％的居民在不同程度上认为自己很难与他人建立友谊，别人的朋友比自己多，对自己的人际关系不满意，没有达到自己期望的状态。

在身体健康方面，61.17％的居民感觉自己的身体状况良好，40.69％的居民表示经常感到自己身体某些部位特别不舒服，31.69％的居民表示很为自己的健康状况感到苦恼，认为自己的身体或多或少地有一些不舒服。这些都表明城乡居民越来越关注健康问题。

在心理健康方面，63.17％的居民表示自己不会经常因一些小事而感到烦恼，可以较快地从不开心的事情中恢复过来。但仍有 36.75％的居民经常会烦恼一些小事，29.48％的居民需要一定的时间从不开心的事情中恢复过来。总体上来看，约 2/3 的居民的心态良好，约 1/3 的居民的心理调节能力较差，需要受到关注。

在目标价值方面，66.85％的居民认为自己对生活的目标和价值有着不同程度上的认可，但也有超过 25.00％的居民表示自己并不能够清晰地认知到生活的目标和价值，时常感到自己在混日子，不清楚自己所做事情的价值，人生道路比较迷茫。

在心态平衡方面,问卷主要通过居民与他人的比较来了解其心态是否平衡乐观。结果显示,超过 73.66%的居民认为自己运气并不比别人差,也并不感到吃亏,这说明大部分居民的心态比较平衡,也比较容易感到幸福。

身心健康体验基本情况如表 5-9 所示。

表 5-9　身心健康体验基本情况

项目	问题	非常不同意(%)	不同意(%)	有点不同意(%)	有点同意(%)	同意(%)	非常同意(%)	不知道(%)	拒绝回答(%)
人际适应体验	我常常感到自己很难与他人建立友谊	7.07	39.61	26.91	9.99	6.85	0.79	8.35	0.43
	我感到似乎大多数人都比我朋友多	3.64	31.41	29.12	12.28	10.21	1.14	11.78	0.43
心理健康体验	我常因一些小事而烦恼	3.57	28.77	28.55	22.98	11.56	2.21	2.07	0.29
	碰到不开心的事情时,很长时间我都打不起精神来	4.57	33.26	27.62	16.56	10.99	1.93	4.64	0.43
身体健康体验	我很为自己的健康状况感到苦恼	7.57	36.62	21.98	14.56	13.70	3.43	1.86	0.29
	我经常感到自己身体某些部位特别不舒服	9.28	31.12	15.77	15.92	17.99	6.78	2.86	0.29
目标价值体验	我经常感到自己只是在混日子	8.21	34.40	26.41	14.13	8.92	2.43	5.07	0.43
	我不清楚自己一生所做的事情有什么意义	5.71	32.55	26.41	14.56	10.14	1.64	8.49	0.50
心态平衡体验	我的运气比别人差	6.00	38.54	28.77	9.85	7.57	1.57	7.35	0.36
	与周围人相比,我感到自己挺吃亏	4.28	39.61	30.12	12.35	6.35	0.93	6.00	0.36

5.2.2 享有发展体验基本情况

享有发展体验的主要目标是为测量人在物质和精神方面达到了何种程度，主要分为社会信心体验、成长进步体验、知足充裕体验、自我接受体验和家庭氛围体验这 5 个维度。

在社会信心方面，86.19％的城乡居民认为社会给人民提供的出路越来越多，对社会的发展很有信心，不同意的比重仅为 7.21％，表明大多数城乡居民的社会信心体验较好，对社会的发展持积极乐观的态度。

在成长进步方面，89.50％的居民在不同程度上同意随着年龄的增长可以不断地获得进步和发展这一观点，79.09％的居民认为自己的生活目标可以鼓励其进步，而表示不同意前述观点的居民比重分别为 5.06％和 9.64％。可以看出，城乡居民对目标对自我鼓励的认同度相对较高，认为自己随着年龄增长会不断取得进步。

在自我接受方面，78.05％的居民很喜欢自己的个性，对自己的变化和成长持积极的态度，而不同意的居民比重为 12.75％，高于其他发展体验方面的不同意比重。总体而言，城乡居民对自我的认可度是比较高的。

在知足充裕方面，85.44％的居民认为比起他人，自己很知足；61.97％的居民表示对家庭收入感到满意，不满意度高达 34.77％。这表明城乡居民对自身生活相对满意，但是对经济收入期望要高于其他方面。

在家庭氛围方面，91.51％的居民喜欢与家人待在一起，但是有 24.63％的居民表示自己在与家人沟通的时候存在不同程度的困难，这说明在与家人的相处过程中，沟通仍旧是需要解决的问题之一，有了好的沟通，才更有利于塑造好的家庭氛围。

享有发展体验基本情况如表 5-10 所示。

表 5-10 享有发展体验基本情况

项目	问题	非常不同意(%)	不同意(%)	有点不同意(%)	有点同意(%)	同意(%)	非常同意(%)	不知道(%)	拒绝回答(%)
社会信心体验	社会给人们提供的出路会越来越多	0.71	2.78	4.28	23.13	48.11	14.13	6.57	0.29
	我对社会的发展感到很有信心	0.36	2.28	4.00	22.27	51.46	13.28	6.00	0.36
成长进步体验	随着年龄增长,我从生活中悟出了许多道理,这使我变得更坚强、更有能力	0.07	1.28	3.71	23.84	50.46	15.20	5.07	0.36
	我设立的生活目标多数能够给我鼓劲,而不是泄气	0.14	2.86	6.64	24.13	43.04	11.92	10.92	0.36
知足充裕体验	与周围的人相比,我很知足	0.50	2.78	7.99	24.27	47.54	13.63	2.93	0.36
	我对家里的收入感到满意	3.00	13.78	17.99	25.84	31.55	4.57	2.93	0.36
自我接受体验	我比较喜欢自己的个性	0.29	6.07	9.21	27.48	39.97	7.92	8.78	0.29
	我感到高兴的是,这些年自己的看法变得越来越成熟	0.21	3.71	6.00	24.27	46.82	9.64	8.78	0.57
家庭氛围体验	和家人在一起,我感到特别愉快	0.14	1.64	3.21	16.42	52.25	22.84	3.07	0.43
	我有时感到很难与家人(包括父母、爱人、孩子等)沟通	7.71	38.19	24.77	13.35	10.14	1.14	4.28	0.43

5.3　自我幸福感评分与幸福感标准得分

针对幸福感，让居民对自身生活和幸福的标准在 0～10 分的区间进行打分。为了方便分析，调查将这两个得分命名为“自我幸福感评分”与“幸福感标准得分”。

如图 5-9 所示，在幸福感自评分方面，91.15%的居民认为自己的生活处于 5～10 分，47.25%的居民认为自己的生活处于 8 分及以上的水平，评分为 8 分的人数比重最大，为 26.05%。幸福感自评分的平均数约为 6.98 分，绝大多数城乡居民认为自己较为幸福。在幸福感标准得分方面，88.72%的居民认为幸福的标准在 5 分以上，其中，34.90%的居民选择 5 分为幸福感的标准得分，认为幸福标准得分在 8 分以上的居民占 18.06%。幸福感标准得分的平均数约为 5.69 分，这表明山东省居民对幸福的要求并不高，且大多数居民认为自己处于幸福状态。

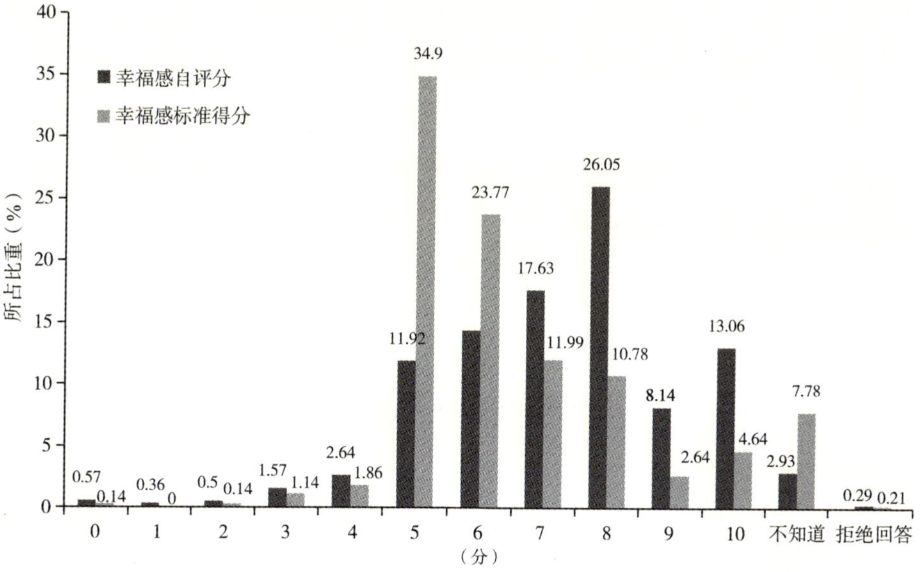

图 5-9　自我幸福感评分与幸福感标准得分

5.4 小结

本部分的要点总结如下:

(1)山东省城乡居民对于整体生活有着较高的满意度,比重为86.44%,对婚姻生活满意的比重为91.90%,其中对于生活条件包括家庭经济收入和自然环境的不满意的比重较大,分别为34.77%和18.27%。山东省城乡居民对当前自身生活状况持肯定态度,比较满足。

(2)主观幸福感主要包括身心健康体验与享有发展体验两个方面。在身心健康体验方面,66.52%的居民对自身人际关系比较满意,而31.69%的居民对身体健康感到苦恼,认为其身心健康存在问题,说明大部分山东省城乡居民对自身的身心健康持乐观态度;在享有发展体验方面,大部分城乡居民对于社会发展、家庭关系、自我成长与接受等方面都持积极肯定的态度,比重均超过了85.00%。山东省城乡居民的主观幸福感较高,对自身、家庭、社会发展比较满意。

(3)山东省居民幸福感标准得分的平均数约为5.69分,自评分的平均数约为6.98分,幸福感标准得分在8分以上的居民比重仅为18.06%,而47.25%的居民认为自己的生活处于8分及以上的水平。总体来说,山东省居民的主观幸福感较强,对幸福要求标准较低。

参考文献

1. Ed Diener. Assessing subjective well-being: Progress and opportunities [J]. *Social Lndicators Research*, 1994, 31: 103-157.

2. 曹飞,袁光秀. 儿童学业成绩、学业自我和幸福观对幸福感的影响及启示——一项6～9年级学生幸福感追踪研究[J]. 当代教育科学, 2018(2): 53-63.

3. 陈振环,杨海平,冯亚娟. 社会资本、家庭收入与城镇居民幸福感:基于中国大样本微观数据的实证研究[J]. 科学决策，2016(12):24-44.

4. 段建华. 主观幸福感概述[J]. 心理学动态，1996(1):46-51.

5. 黄立清，邢占军. 国外有关主观幸福感影响因素的研究[J]. 国外社会科学，2005(3):29-33.

6. 亓寿伟，周少甫. 收入、健康与医疗保险对老年人幸福感的影响[J]. 公共管理学报，2010，7(1):100-107;127-128.

7. 宋灵青，刘儒德，李玉环，高振华，李文君. 社会支持、学习观和自我效能感对学习主观幸福感的影响[J]. 心理发展与教育，2010，26(3):282-287.

8. 刑占军. 我国居民收入与幸福感关系的研究[J]. 社会学研究，2011，25(1):196-219;245-246.

6 司法接触和法律信任

法律是国家的统治工具，规定了公民在社会生活中可进行的事务和不可进行的事务。而司法是指国家司法机关及其司法人员依照法定职权和法定程序，具体运用法律处理案件的专门活动。

法律作为调节社会关系的普遍性行为规范，对现代社会中的各种行为主体至关重要，尤其是在依法治国成为治国方略的当下，民众对法律法规的认知水平直接影响到法治社会建设的进程。法律信任涉及公民对法律的理解，已有研究表明，居民对法律法规的认知水平越高，其司法信任度越高。

中国社会正在经历全方位的转型，对传统的生活方式和社会治理方式产生了较大影响。随着社会转型的逐步深入，社会矛盾剧增，是否遭遇社会矛盾和遭遇的社会矛盾是否得到及时解决，会显著影响民众的司法信任度和法律信任度。社会公平感和社会安全感显著影响司法信任（朱博文等，2016）。

民众的信任是司法机关合法性、权威性和法治可持续性的重要保障，因此，调查了解并增强民众的法律信任和司法信任是建设法治国家背景下急需关注的重要议题。山东综合社会调查从法律接触、法律信任、司法接触和司法信任 4 个方面对民众的法律意识和态度进行调查。

6.1 法律接触

图 6-1 的数据显示，59.68％的居民认为无论在何种情况下，人们都应毫无例外地遵守法律，法律被视为居民不可逾越的红线，居民对法律的认可度相对较高。同时，30.49％的居民认为必要时遵从良心办事。在法理之外，情理也成为

人们重要的行为准则之一。

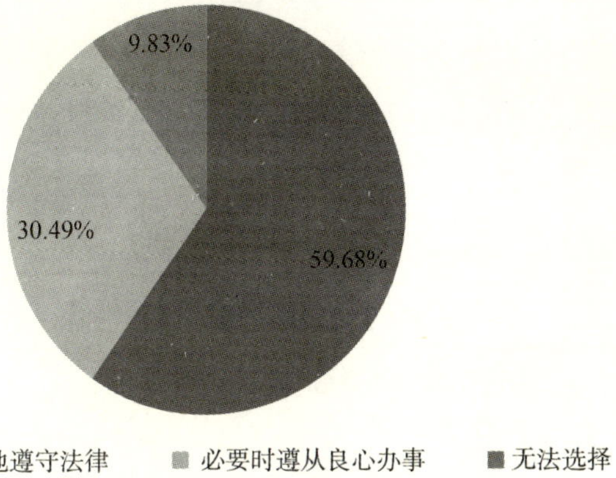

图 6-1　对于遵守法律的态度

如表 6-1 所示，城乡居民在过去的两年里，生活或工作中与人发生过冲突或纠纷的对象比重最大的是家人，比重为 10.83%；其次是同事或商业伙伴，比重为 4.88%；其他比重相对较低，与亲戚或邻居产生纠纷的比重分别为 4.59%和 4.09%。可见，近年来山东省城乡居民之间相处比较和谐，彼此之间的矛盾和纠纷较少，主要是与家人之间的纠纷较多。

表 6-1　与他人纠纷

项目	有(%)	没有(%)	不知道(%)	拒绝回答(%)
家人	10.83	88.16	0.57	0.43
亲戚	4.59	94.48	0.57	0.36
邻居	4.09	94.84	0.72	0.36
同事或商业伙伴	4.88	92.32	2.15	0.65
政府部门工作人员	2.30	96.13	1.00	0.57
企事业单位办事员、商业场所的服务人员	2.58	95.41	1.43	0.57
其他陌生人	3.08	95.05	1.29	0.57

如表 6-2 所示，针对与家人、亲戚、邻居、同事或商业伙伴等不同对象所产生的矛盾和冲突，居民所选择的处理方式也存在很大差异。对家人，居民主要选择

忍忍算了,其次是直接找对方解决,比重分别为46.67%和41.82%;对亲戚、邻居、同事或商业伙伴,居民最主要选择直接找对方解决。对于政府部门工作人员,解决途径主要的选择为忍忍算了,比重为24.07%,其次为找政府和诉诸法律、打官司,比重分别为16.67%和11.11%。对企事业单位办事员、商业场所的服务人员,居民主要选择直接找对方解决和通过第三方从中调解,比重分别为29.69%和12.50%。

表6-2　对解决纠纷途径的选择

项目	忍忍算了(%)	直接找对方解决(%)	通过第三方(如社会机构,朋友等)从中调解(%)	诉诸法律、打官司(%)	找政府(%)	不知道(%)	拒绝回答(%)
家人	46.67	41.82	3.03	0.61	0.00	6.06	1.82
亲戚	38.96	42.86	1.30	1.30	0.00	11.69	3.90
邻居	23.61	44.44	11.11	2.78	1.39	13.89	2.78
同事或商业伙伴	14.02	41.12	11.21	6.54	1.87	23.36	1.87
政府部门工作人员	24.07	7.41	5.56	11.11	16.67	29.63	5.56
企事业单位办事员、商业场所的服务人员	12.50	29.69	12.50	6.25	6.25	29.69	3.13
其他陌生人	13.04	33.33	14.49	5.80	8.70	21.74	2.90

在诉诸法律、打官司与找政府这两种纠纷解决途径的选择方面,在与非政府部门工作人员的纠纷时,这两种途径的选择所占比重最高,分别为11.11%和16.67%。与家人、亲戚、邻居、同事或商业伙伴、企事业单位办事员、商业场所的服务人员、其他陌生人解决矛盾或纠纷的方式主要是忍忍算了或找对方解决,而选择法律途径的比重均低于10.00%。为了避免不必要的麻烦,山东省城乡居民很大程度上选择非法律、非政府途径进行协商解决,对法律的接触较少。

6.2 法律信任

法律信任是指理性的社会主体在法律交往过程中以及理性主体在法律的中介之下,基于一种承认法律天生局限性的共识,愿意选择法律作为调控其参与社会关系的手段。只要法律按既定的规则和程序运行,都愿意承担由此带来的有利或不利后果,都不会因追求自己的暂时利益而损害法律的权威性。从本体意义上说,法律信任是一种关系性质的信任。从价值意义上说,法律信任是法律权威性的直接来源(马新福等,2006)。

法律信任是形成法治信仰的重要前提和条件,是法治文化的重要内容,是法治建设的心理依归。没有法律信任,法治信仰只能是空谈。在现实社会中,一些民众依然"信访不信法、信关系而不信法治",对于法律的信任尚未有效建立(顾钧,2017)。一些学者认为,成熟的法治国家的标志有很多,例如完备统一的法律体系、普遍有效的法律规则、严格公正的执法制度等,其中有一个最重要的实质标准,即法治能够在多大程度上赢得公众的信赖,相信良法善治能够有效得以实施。法治是规则之治,公众只有对法律规则普遍遵守、普遍信任,才能最终形成法律信仰。

法律信任的缺失是中国法治面临的难题。我国法治化过程中出现的很多问题,在一定程度上都可以归结为人们对法律制度的不信任。为了进一步探究城乡居民对法律的信任度,山东综合社会调查关注居民在与家人、亲戚、邻居、同事或商业伙伴、政府工作人员、企事业单位办事员、商业场所的服务人员和其他陌生人等不同类型的角色发生纠纷和矛盾的情景下,选择与对方协商解决、第三方调解解决、找政府解决、打官司解决等 4 种解决方式的结果,发现存在较大差异。

当和家人发生纠纷(见图 6-2)时,大部分居民都会选择与对方协商解决这一途径,并且认为可能性很大的比重为 77.26%,认为有可能的比重为 13.63%;很少有居民会采取打官司解决途径,认为可能性很大的比重为 3.08%,有可能的比重为 5.74%。这充分反映了人情这一因素在处理个人与家人关系中的重要作用。除非特殊情况,极少数的居民会选择走法律途径或找政府解决,比重分别为 3.08%和 3.87%。

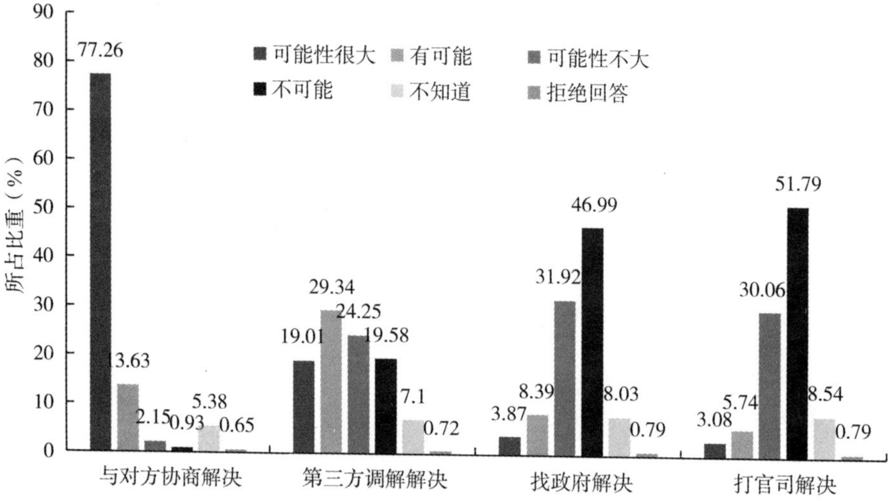

图 6-2　与家人纠纷解决途径

在与亲戚发生纠纷(见图 6-3)时,大部分居民依然选择的是通过与对方协商解决,可能性很大的比重为 72.96%,有可能的比重为 16.86%。处于第二选择的是找第三方调解解决,认为具有很大可能性的比重为 22.88%。找政府解决与打官司解决这两个途径比重依然较小,极有可能找政府解决的比重为 3.23%,而极有可能通过打官司解决的比重为 2.65%。

在与邻居发生纠纷(见图 6-4)时,大部分居民选择通过与对方协商解决,可能性很大的比重为 69.37%。部分居民会选择第三方调解进行解决,认为可能性很大以及有可能的比重为 26.40%,选择找政府解决与打官司解决的居民比重较小,前者为 4.95%,后者为 3.59%。中国历来是一个邻里社会,注重的是邻里之间的团结,在遇到纠纷时,通常不会选择走法律程序。

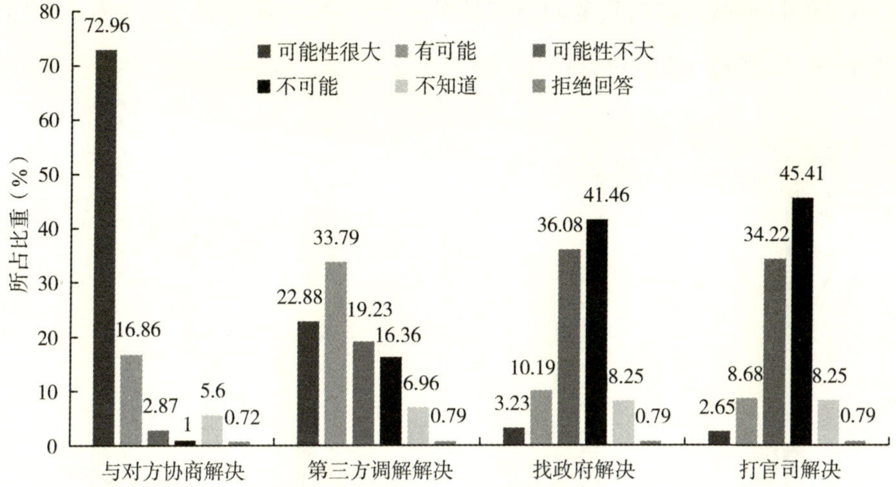

图 6-3　与亲戚纠纷解决途径

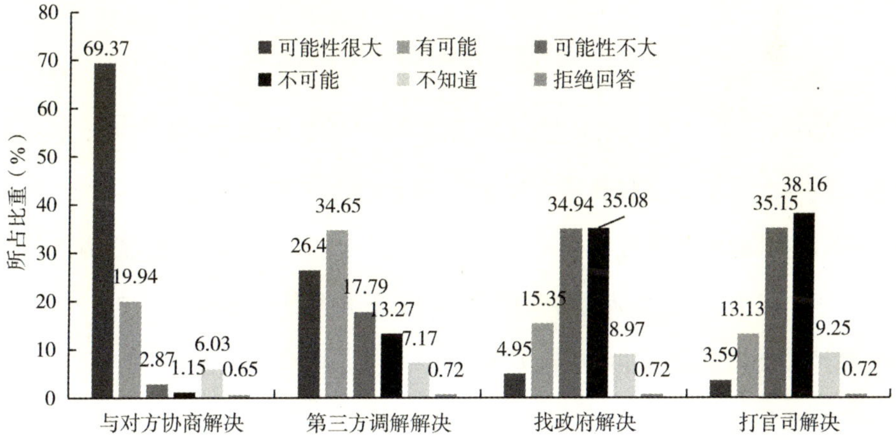

图 6-4　与邻居纠纷解决途径

在与同事或商业伙伴发生纠纷（见图 6-5）时，大部分居民也会选择通过与对方协商解决，可能性很大的比重为 53.23％，有可能的比重为 21.88％，低于与家人、亲戚和邻居解决纠纷选择协商途径的比重。处于第二选择的是找第三方调解解决，认为具有很大可能性的居民比重为 19.80％。找政府解决与打官司解决这两个途径的比重有所上升，分别为 6.10％和 7.82％。在与同事或商业伙伴发生纠纷时,人与人之间更多的不再是熟人关系,而是较为陌生的关系,选择打官司解决,依靠法律途径进行解决的比重增长。

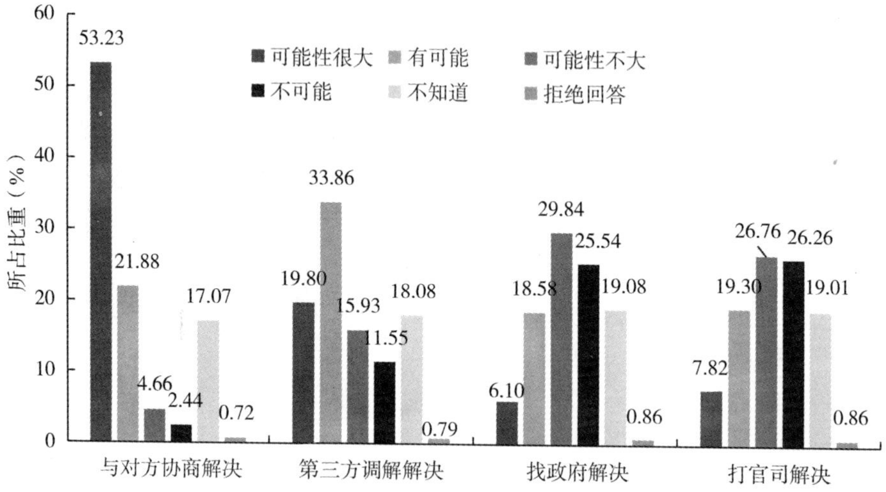

图 6-5　与同事或商业伙伴纠纷解决途径

在与政府部门工作人员发生纠纷(见图 6-6)时,选择通过与对方协商解决的居民比重为 61.05%,整体比重大幅降低,极有可能采取这一途径的居民比重为 37.66%,有可能的比重为 23.39%。居民会选择第三方调解以及找政府进行解决的比重大幅增长,前者认为可能性很大以及有可能的比重为 14.49%,后者认为可能性很大以及有可能的比重为 18.08%。打官司解决的比重也有所增长,认为极有可能的比重为 10.26%。

在与企事业单位办事员、商业场所的服务人员发生纠纷(见图 6-7)时,与对方协商解决依然是居民的首选,认为极有可能与有可能的比重为 69.80%;其次,居民更多地选择第三方调解,认为可能性很大的比重为 19.23%,认为有可能的比重为 34.86%;而找政府解决与打官司解决所占比重较小,前者为 9.83%,后者为 6.74%。

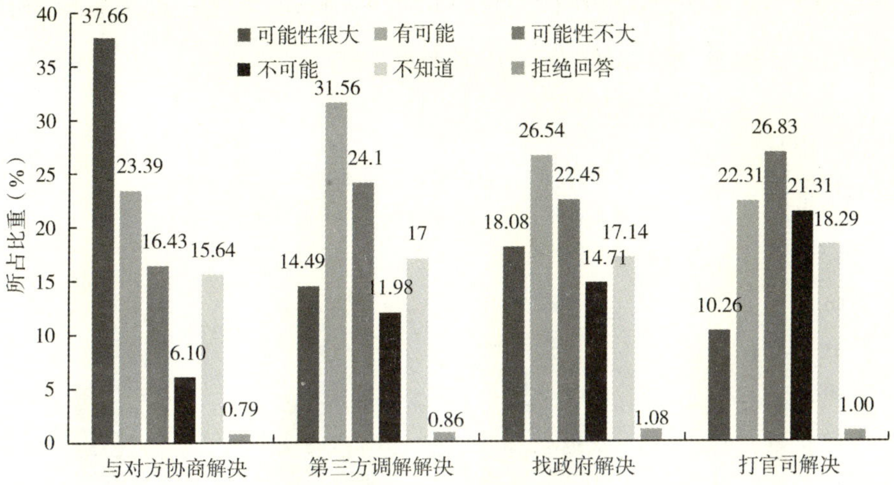

图 6-6 与政府工作人员纠纷解决途径

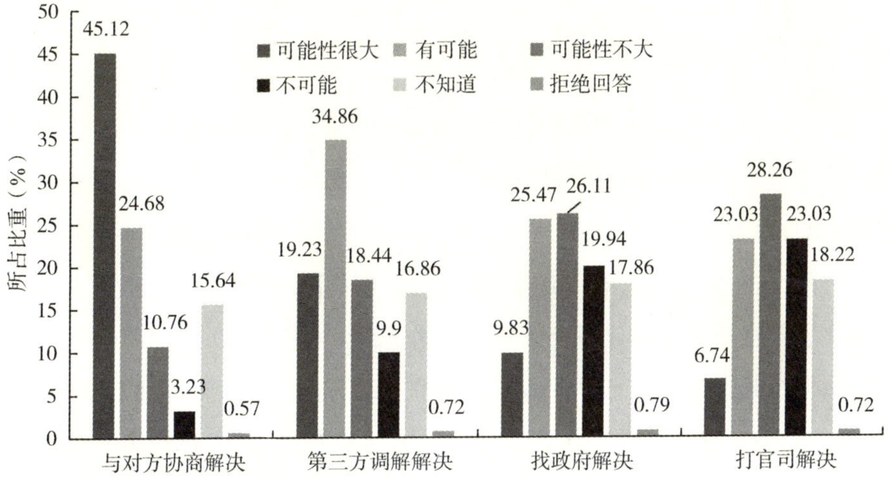

图 6-7 与企事业单位工作人员纠纷解决途径

在与其他陌生人发生纠纷(见图 6-8)时，居民首先会选择与对方协商解决，极有可能选择协商方式的比重为 46.70%。居民也可能会选择第三方调解解决，可能性很大的比重为 17.58%，有可能的比重为 34.07%。找政府解决与打官司解决所占比重较小，前者认为可能性很大的比重为 10.76%，有可能的比重为 27.91%，后者认为可能性很大的比重为 9.61%，有可能的比重为 26.26%；高于家人、亲戚和邻居等熟悉人的选择比重。

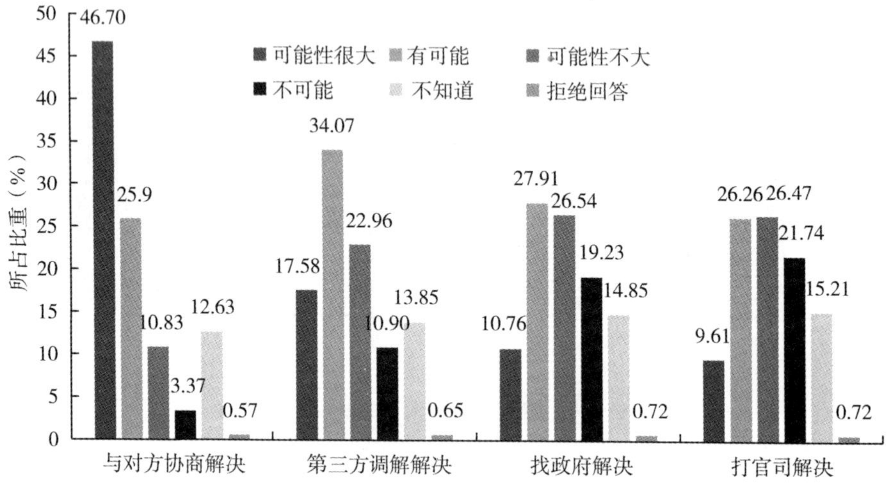

图 6-8　与其他陌生人纠纷解决途径

综上，与家人、亲戚、邻居进行协商解决的可能性很大的比重较大，均超过了 88.00%；而与同事商业伙伴、其他陌生人、企事业单位办事员、政府工作人员协商解决的可能性很大的比重逐渐降低，分别为 53.23%、46.70%、45.12% 和 37.66%。与亲戚、邻居、同事商业伙伴、企事业单位办事员、其他陌生人等找政府解决和打官司解决的比重小于政府工作人员，均不足 10.00%。而与政府工作人员纠纷时选择找政府解决和打官司解决的可能性很大的比重较大，超过了 10.00%。山东省城乡居民优先选择与对方协商解决，其次选择第三方调解解决，而选择司法和政府解决途径的相对较少。

6.3　司法接触

司法接触是指城乡社会居民与司法部门或执法机关进行接触，主要包括公安部门和法院部门。图 6-9 的数据显示，在过去两年内，绝大部分居民并没有与警察接触过，比重为 97.58%，只有极少部分人与警察打过交道，有过 1 次交道的居民比重为 0.67%，有过 2 次交道的居民比重为 0.63%，有过 3 次交道的居民比重为 0.15%，每天与警察打交道的居民仅为 0.52%。可见，山东省城乡居民与公安部门接触的比重较小。

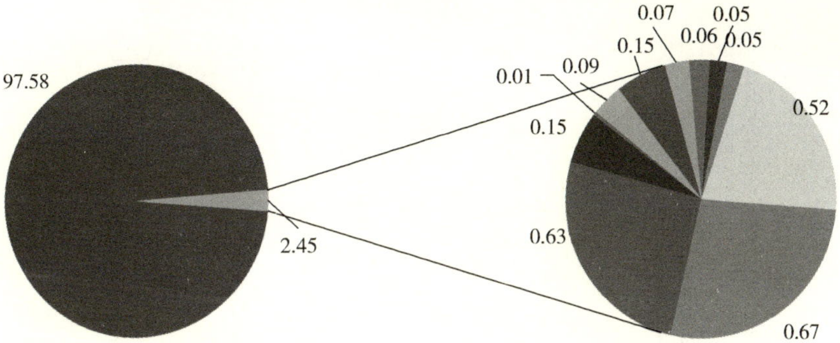

图 6-9　在过去的两年内与警察打交道的次数

在与警察打交道的原因（见图 6-10）分析中，0.88%的居民是因为被警察查处，0.65%的居民是因为向警察求助，0.35%的居民是因为经常来往的朋友里有警察，0.33%的居民是因为家里亲戚有警察，0.78%的居民是因为其他原因，说明大多数城乡居民没有特殊原因，一般很少与公安部门接触。

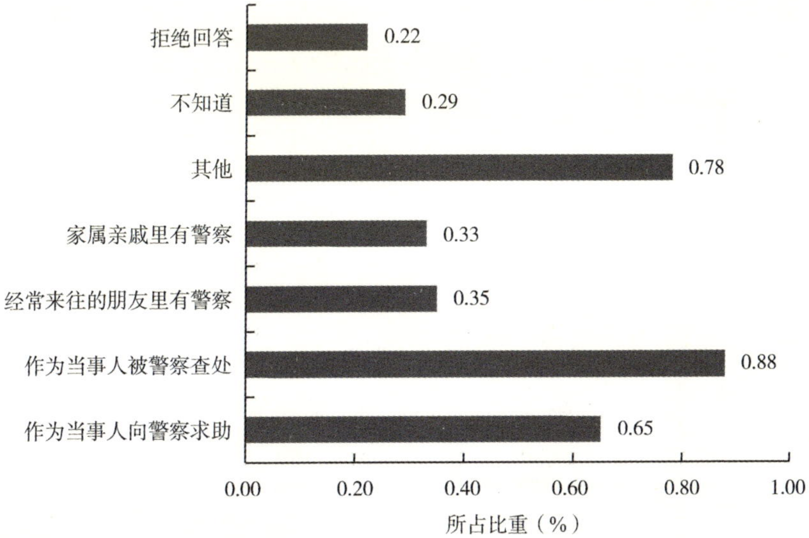

图 6-10　与警察打交道的原因

图6-11的数据显示,99.35%的居民并没有向警察求助过,0.25%的居民有过1次的求助经历,0.12%的居民有过2次的求助经历,0.16%的居民有过3次的求助经历,0.06%的居民有过5次的求助经历。同时,0.06%的居民有过15次的求助经历。

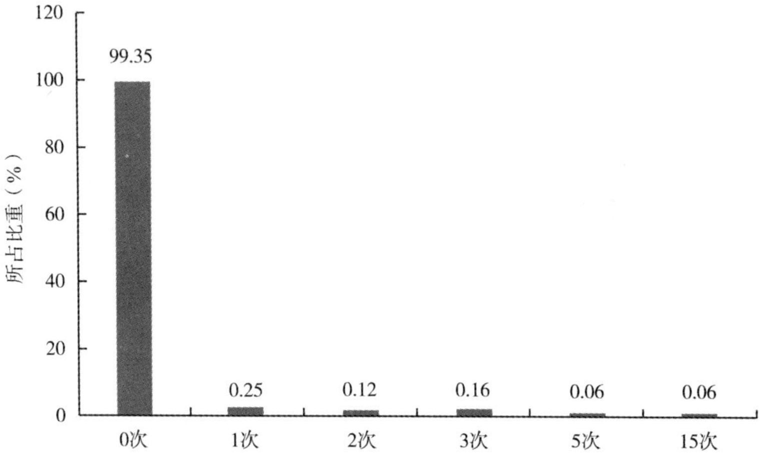

图6-11 作为当事人向警察求助的次数

图6-12的数据显示,99.27%的居民并没有被警察查处过,0.22%的居民有过1次的查处经历,0.35%的居民有过2次的查处经历,0.01%的居民有过5次的查处经历,其他次数各自所占比重均小于0.10%。

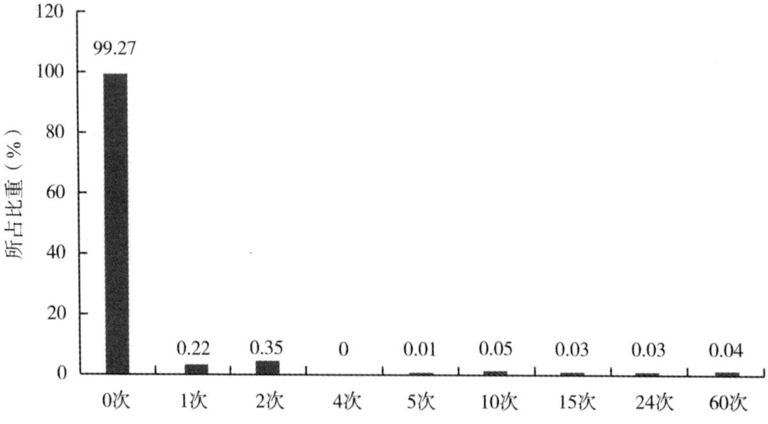

图6-12 作为当事人被警察查处的次数

图 6-13 的数据显示，在过去两年内，绝大部分居民并没有与法院接触过，比重为 99.25%；只有极少部分人与法院打过交道，有过 1 次交道的居民比重为 0.45%，有过 2 次交道的居民比重为 0.16%，每天与法院打交道的居民比重为 0.10%。可见，山东省城乡居民与司法部门打交道的人数也较少。

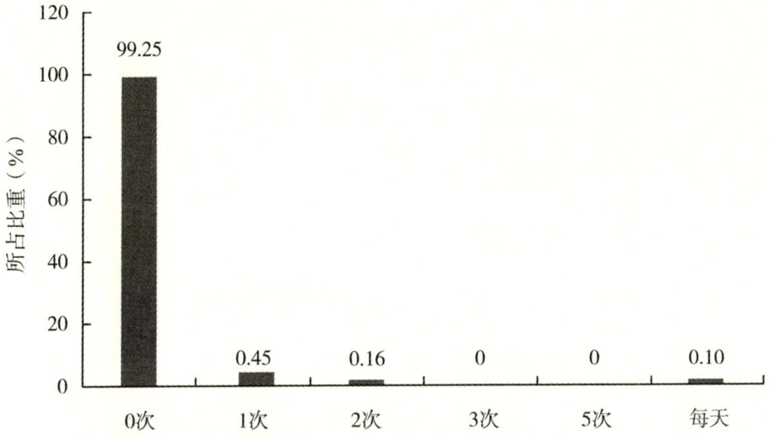

图 6-13　与法院打交道的次数

在居民与法院打交道的原因分析中，0.49%的居民是因为作为原告打官司，0.11%的居民是因为作为被告打官司，0.11%的居民是因为作为代理人参加诉讼，0.08%的居民是因为经常来往的朋友里有法官，0.08%的居民是因为家属、亲戚里有法官。这说明城乡居民一般很少与法院来往，除了被动参与官司，居民会尽可能地回避法院(见图 6-14)。

表 6-3 的数据显示，对于假如自己做了步行闯红灯、驾驶机动车辆闯红灯、酒后驾驶机动车辆、交通肇事逃逸、使用假钞买东西、日常生活中使用假证件、逃票(包括门票、车票等)、不孝顺父母的事情被发现，居民认为自己最熟悉的 5 位朋友会全都反对的比重最大，分别为 51.79%、64.06%、71.45%、73.60%、68.87%、68.01%、65.57%、80.63%，其次是多数人反对，比重分别为 26.26%、20.09%、14.99%、13.92%、17.43%、18.08%、19.01%、11.84%。超过 80%的居民认为违法行为是不被认同的。可见，人们对法律法规的认识比较清楚。在 8 种行为中，步行闯红灯时反对和不反对的人数差不多，少数人反对和全都不反

对的所占比重明显大于其他行为，累计比重为11.12%。可见，相比其他违规行为，居民认为步行闯红灯的行为更能为他人所接受。

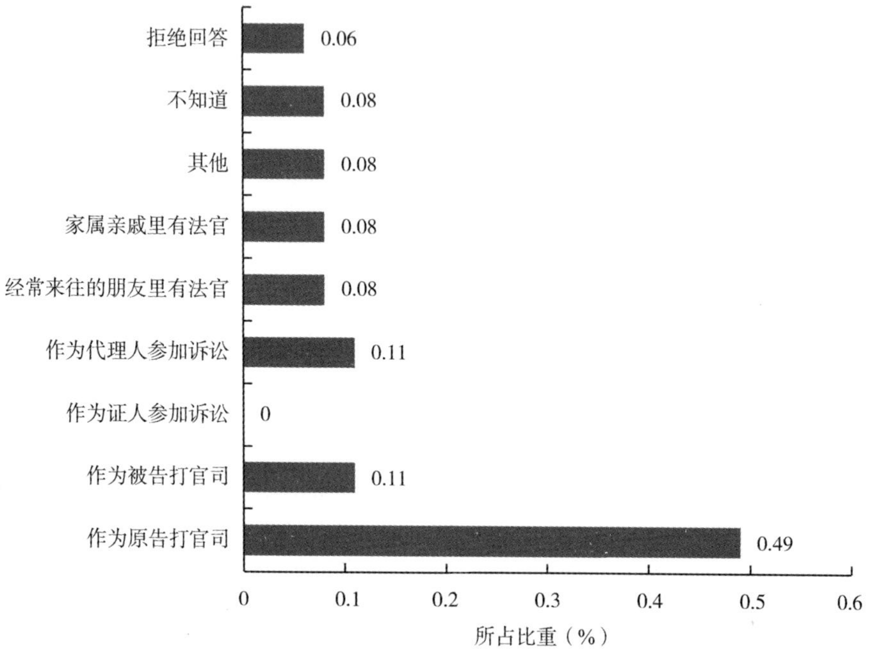

图6-14　与法院打交道的原因

表6-3　最熟悉的5位朋友对居民违规行为的评价

项目	全都反对(%)	多数人反对(%)	反对和不反对的人差不多(%)	少数人反对(%)	全都不反对(%)	不知道(%)	拒绝回答(%)
步行闯红灯	51.79	26.26	4.09	5.38	1.65	10.26	0.57
驾驶机动车辆闯红灯	64.06	20.09	1.65	1.15	0.22	12.27	0.57
酒后驾驶机动车辆	71.45	14.99	1.00	0.57	0.22	11.19	0.57
交通肇事逃逸	73.60	13.92	0.57	0.36	0.29	10.69	0.57
使用假钞买东西	68.87	17.43	2.30	1.72	0.43	8.68	0.57
日常生活中使用假证件	68.01	18.08	1.79	1.65	0.36	9.54	0.57
逃票(包括门票、车票等)	65.57	19.01	2.22	1.87	0.57	10.26	0.50
不孝顺父母	80.63	11.84	0.50	0.07	0.22	6.24	0.50

图6-15的数据显示，在司法系统犯错问题方面，与让一个有罪的人逍遥法

外相比，更多居民认为判一个无辜的人有罪更为糟糕，二者比重分别为 36.01％和 41.97％，22.02％的居民认为二者之间无法选择。可见，更多的居民愿意遵从疑罪从无的原则，宁愿让罪犯逍遥法外，也不愿冤枉一个无辜的人。

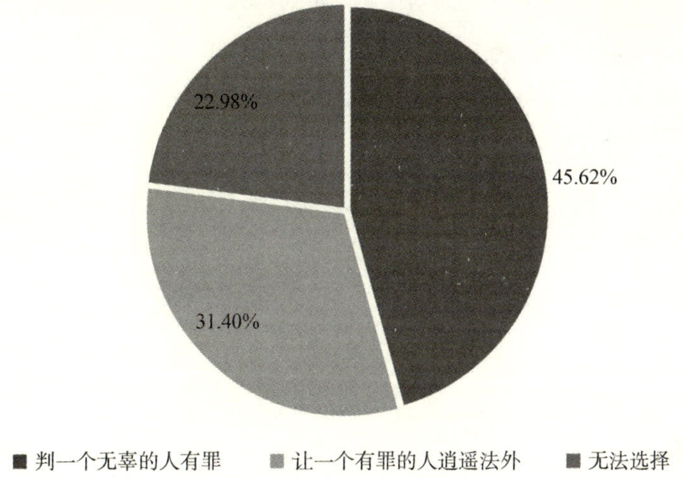

图 6-15　对司法系统犯错态度

6.4　司法信任

为了与内涵宽泛的法律信任概念相区别，将民众对法院、公安等司法、执法机关以及法官、警察等司法、执法人员的信任称为"司法信任"。它是民众对司法、执法机关能够运作并产生出与其心理预期相一致的社会公平正义的信念或信心。司法信任包括民众对司法系统的认知和态度，是民众对司法系统合法性认可的重要衡量指标，也是建构现代法治社会的重要基础。城乡居民对公安部门和司法部门的信任度主要包括警察工作态度、居民对警察行为的认知、城乡居民对司法部门的态度等内容。

根据表 6-4 的调查结果，65.57％的居民认为警察能够用公平的规程和程序对待每个人，67.86％的居民认为警察能够尊重联系他们的人，63.35％的居民认为能够从警察那里得到公平的结果，65.92％的居民认为能够从警察那里得到根据法律规定的结果，80.06％的居民同意对于警察合法的决定和行事应该服从，

60.00%左右的居民同意警察在破案、预防犯罪、救助被害人等方面表现良好，对于遇到犯罪行为或可疑的人，75.00%左右的居民同意报警，协助民警办案。总体上，山东省城乡居民对警察的工作给予了充分的认可，对警察工作表示支持。同时表示愿意协助警察进行破案等工作，遇到嫌疑人或罪犯也会尽可能地选择信任警察，到公安部门报案。这说明居民是对公安部门具有一定的信任的，认为公安部门能够解决违法犯罪行为，保障居民的生命安全。

表 6-4　居民对公安部门的认知

项目	非常不同意(%)	不同意(%)	有点不同意(%)	有点同意(%)	同意(%)	非常同意(%)	不知道(%)	拒绝回答(%)
警察用公平的规则和程序对待每个人	2.44	6.67	9.04	17.29	39.24	9.04	16.00	0.29
警察基于事实而不是自己的个人意见做出决定	1.22	4.16	6.89	19.44	40.24	9.11	18.58	0.36
您有事联系警察时，他们会尊重地对待您	1.15	3.44	5.60	19.73	40.17	7.96	21.59	0.36
警察会对人们解释清楚他们采取行动的原因	1.15	5.16	8.18	18.29	36.73	6.81	23.24	0.43
警察在处理案件时，会给人们解释的机会	1.22	4.16	7.46	17.50	38.16	7.10	24.03	0.36
人们经常能从警察那里获得公平的结果	1.43	6.67	9.04	20.59	35.87	6.89	19.08	0.43
人们通常会从警察那里得到根据法律规定所应有的结果	1.36	4.23	7.39	19.80	38.95	7.17	20.59	0.50
如果您认为警察的行为是合法的，您应该服从他们的指示	0.57	1.65	3.30	18.22	48.35	13.49	13.99	0.43
您应当服从警察所作的任何决定，因为这是正确的或应该做的事情	1.22	9.61	15.85	18.79	31.56	7.60	14.92	0.43

续表

项目	非常不同意(%)	不同意(%)	有点不同意(%)	有点同意(%)	同意(%)	非常同意(%)	不知道(%)	拒绝回答(%)
您应当按警察的指示行事,即使您不懂警察为何下达这样的指示	1.58	12.84	19.15	20.16	24.75	4.30	16.79	0.43
您应当按警察的指示行事,即使您不同意警察的指示	2.58	14.99	17.86	17.79	24.61	4.38	17.43	0.36
警察对报案或求助电话反应迅速	1.00	4.52	7.03	18.29	37.30	7.10	24.25	0.50
警察在破案方面表现良好	0.93	3.73	6.46	21.45	34.94	6.53	25.32	0.65
警察在预防犯罪方面表现良好	1.15	3.44	5.81	21.52	35.29	5.67	26.61	0.50
警察在救助被害人方面表现良好	0.79	3.01	5.24	21.66	34.94	6.38	27.40	0.57
警察对待富人比穷人好	2.58	16.14	14.06	17.72	17.50	5.38	26.18	0.43
警察对待本地人比外地人好	2.65	18.51	13.70	18.01	16.28	3.30	26.97	0.57
您在住处附近发现有形迹可疑的人,愿意向警察报告	0.50	4.81	5.16	16.71	45.19	13.77	13.27	0.57
您愿意为警察提供信息,以帮助他们找到犯罪嫌疑人	0.50	2.51	3.44	15.06	49.64	16.71	11.41	0.72
您目击一犯罪行为发生时,愿意打电话报案	0.43	2.58	3.30	14.42	47.49	18.51	12.70	0.57

对于司法部门的工作,如表6-5所示,40.00%以上的居民对司法部门工作的公正性、效率、依法行政、态度、平等对待当事人和能切实解决问题表示满意,其中公正性比重最大,为50.72%;10.00%左右的居民表示不满意,其中对效率不满意的比重最大,为11.34%;近40.00%的居民难以作出判断,选择了不知道

和拒绝回答。可见，山东省城乡居民对司法部门的工作满意度较高，尤其是司法公正和依法行政，比重接近 50.00%；但存在近 40.00%的居民对司法部门的工作了解程度低，未能作出科学判定。

表 6-5 居民对于司法工作的态度认知

项目	非常满意（%）	比较满意（%）	无所谓满意不满意（%）	比较不满意（%）	非常不满意（%）	不知道（%）	拒绝回答（%）
公正性	10.33	40.39	9.76	4.38	1.94	32.93	0.29
效率	8.03	32.14	11.98	8.61	2.73	36.15	0.36
依法行政	10.69	36.44	10.69	4.95	1.43	35.37	0.43
态度	8.39	33.72	11.26	7.03	2.08	37.09	0.43
平等对待当事人	8.46	33.79	11.33	6.96	2.15	36.94	0.36
能切实解决问题	8.46	34.22	12.12	5.95	2.30	36.51	0.43

6.5 小结

本部分的要点总结如下：

（1）山东省城乡居民之间的关系整体比较和谐，与他人发生纠纷的比重较小，主要是与家人的矛盾较多，比重为 10.83%，与商业伙伴、邻居的矛盾纠纷均低于 5.00%。关于矛盾纠纷解决的途径，对家人、亲戚和邻居，65.00%以上的居民选择忍让或直接找对方协商解决；对政府工作人员，27.78%的居民选择法律或政府途径解决；对企业单位的矛盾纠纷，仅有 6.25%的居民选择法律打官司。山东省城乡居民选择法律维权意识淡薄或不愿意通过法律途径解决问题，通常以忍耐或直接找对方等途径解决纠纷。

（2）山东省城乡居民的司法接触比重较小，超过 97.00%的居民近两年内没有与公安、法院等司法部门接触，99.00%的居民从未向警察求助、被警察查处、作为原告/被告打官司、作为证人代理人参加诉讼。但是，对于违反司法的行为，尽管是朋友，城乡居民也表现出了一致的态度，对酒驾、肇事逃逸、使用假钞等违法行为，多数反对率均超过了 80.00%。可见，山东省城乡居民的司法认知水平较高。

(3)关于司法部门工作，山东省城乡居民对司法工作的公正性、效率、态度和依法行政表示满意的比重分别为 50.72%、40.17%、42.11%和 47.13%，近 40.00%的居民难以作出判断，10.00%的居民表示不满意。一方面，山东省城乡居民对于司法工作的认知缺乏，了解程度低；另一方面，司法部门的工作在群众中的认可度有待提高，部分城乡居民表达了不满意，或选择了回避。

参考文献

1. 顾钧．建构法律信任是培树法治信仰的前提[J]. 人民法治，2017(2)：109.

2. 李勇．当前中国的法律信任及其养成[J]. 东岳论丛，2009，30(8)：162-166.

3. 马新福，杨清望．法律信任初论[J]. 河北法学，2006(08)：10-14.

4. 朱博文，许伟．我国居民社会公平感与普遍信任关系研究——基于 CSS2013 的实证分析[J]. 湖北社会科学，2016(7)：46-53.

7　创新与创业

“大众创业、万众创新”的国家战略提出之后，中央相继出台了多个文件积极落实双创政策，地方各级部门纷纷根据自身具体情况积极响应中央的号召(张前荣，2015；张晓强等，2015)。作为全国新旧动能转化试验区，山东省有序部署新旧动能转化工作、深入实施创新驱动战略，旨在激发全社会创新活力和创造潜能(万钢，2014；辜胜阻，2015；王昌林，2016)。

2012 年，由国务院批转人力资源社会保障部等单位制定的《促进就业规划(2011～2015 年)》中首次提出要“促进以创业带动就业”，展示了创业与就业的关系：创业是途径，就业是目标。2013 年，山东省人民政府办公厅发布了《关于促进创业带动就业的意见》，提出要鼓励城乡的劳动者自主创业，政府会为创业者提供资金上的支持。双创政策的正式提出则是在 2014 年，在夏季达沃斯论坛上李克强总理首次明确提出了“大众创业、万众创新”的概念，他指出要在 960 万平方公里土地上掀起“大众创业”“草根创业”的新浪潮，形成“万众创新”“人人创新”的新势态。山东省人民政府也积极响应中央的号召，陆续出台了一系列的指导文件，将双创政策的内涵和目标不断充实和完善。2015 年，山东省人民政府办公厅又发布了《山东省实施就业优先战略行动方案》，强调就业与创业创新的互动融合，从创业能力、创业平台、创业示范、创业服务、创业文化入手，全面优化创业创新环境，大力推进“大众创业、万众创新”。政府对于创新创业的密切关注和大力支持，表明了创新创业的重要意义，也说明了学界研究创新创业的必要性(朱云鹃等，2014)。

本部分使用山东综合社会调查中创新与创业的相关数据，对山东省居民的创新创业态度、创新意愿、创新实践及对创业环境的感知进行了描述，以期帮助读者获得对山东省社会创新活力及潜能的初步了解，并为进一步的深入研究提供基础。在4132位居民中，18.69%的人有创业经验，其中7.37%的人表示正在创业。由此可知，单从创业率来讲，山东省的创业状况不容乐观。

7.1 创新态度

对于新观点、新想法持开放的态度和积极的认知，是进行创新创业行为的基础。为了测量居民对新观点的接纳程度，调查考察了居民对20个观点的认可度，这20个观点反映出了居民对于创新的态度。

从这20个观点的题目中可以发现，同意自己主动创新的居民比重与不同意自己自主创新的居民比重相似。48.54%的居民认为自己喜欢尝试新想法，28.68%的居民认为自己不喜欢尝试新想法，对新想法持谨慎保守态度。而对新发明和新思路，32.86%的居民会产生怀疑，比较保守；31.92%的居民会选择接受，比较开放，对新发明容易产生好感。在面对“我知道我通常是团队中最后一个接受新事物的人”的描述时，47.50%的居民认为自己通常对新事物是比较勇于主动接受的，而不是被动地随波逐流（见表7-1）。

表7-1 创新态度分布

项目	非常同意（%）	同意（%）	无所谓同意不同意（%）	不同意（%）	非常不同意（%）	不知道（%）	拒绝回答（%）
我的同伴经常向我寻求建议或信息	5.19	43.35	16.46	24.56	3.22	6.81	0.40
我喜欢尝试新想法	4.62	37.15	18.91	28.75	2.59	7.59	0.39
我会寻找新的做事方法	4.13	40.77	17.21	27.36	2.34	7.82	0.36
大体上我对新观点持谨慎态度	3.71	53.43	19.36	12.95	1.04	9.12	0.38
当答案不明显时，我经常会临时想出解决的办法	3.46	41.37	21.80	19.53	1.52	11.83	0.48
我会怀疑新发明和新思路	1.34	31.52	23.50	29.6	2.32	11.40	0.33
我很少接受新观点，除非我能看出身边的绝大多数人是否接受它们	2.04	31.38	19.84	33.46	2.47	10.49	0.33

续表

项目	非常同意(%)	同意(%)	无所谓同意不同意(%)	不同意(%)	非常不同意(%)	不知道(%)	拒绝回答(%)
我觉得我在同龄人中有影响力	2.56	27.02	25.38	32.11	3.1	9.54	0.29
我认为我的思想和行为有创新性	2.29	26.29	22.09	35.02	2.99	10.98	0.34
我知道我通常是团队中最后一个接受新事物的人	1.08	13.55	21.45	44.85	5.47	13.27	0.32
我是个有创造力的人	2.01	26.07	22.26	35.97	3.06	10.25	0.38
我喜欢在团队中参与承担领导职责	2.81	22.18	22.31	38.84	4.64	8.84	0.38
直到看到新方法为身边的人们所采用,我才会勉强接受它	1.51	27.56	19.85	37.94	2.63	10.06	0.45
我觉得思想和行为上的创新非常令人振奋	2.99	38.82	24.82	18.67	1.66	12.68	0.36
我倾向于认为老的生活方式和做事方法是最好的	2.43	27.75	20.46	37.53	4.38	7.17	0.27
我会挑战那些悬而未决和争议性的问题	1.89	22.23	25.33	35.34	2.6	12.28	0.34
我必须先看到别人使用新发明,我才会考虑用不用它	2.41	33.4	21.08	30.18	1.71	10.78	0.43
我对新的观点是接纳的	3.92	52.88	22.27	10.1	1.02	9.47	0.35
那些没被解答的问题对我是一种挑战	2.43	34.53	27.85	19.73	1.24	13.82	0.41
我经常发现自己对新观点持怀疑态度	1.29	28.28	27.1	29.62	1.46	11.85	0.41

在对新观点的接纳程度上,有创业经验的人和没有创业经验的人存在着较大的分化。曾有过创业经验的人更倾向于接纳新观点,更加认同创新思想和创新行为;而没有创业经验的人则在整体上更为守旧,对于新观点更容易持质疑的态度。如图7-1所示,同意“我对新的观点是接纳的”这一说法的居民在有过创业经验的人中的比重明显大于非创业者,比重分别为78.47%和51.72%。同样地,有过创业经验的居民整体上更不同意“直到看到新方法被采用,我才会勉强

接纳它”这一观点，比重为 51.09%（见图 7-2）。

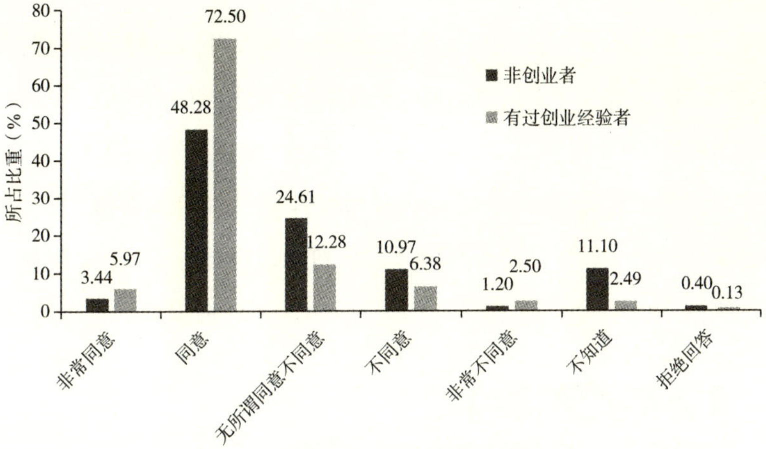

图 7-1 居民对新观点的接纳程度

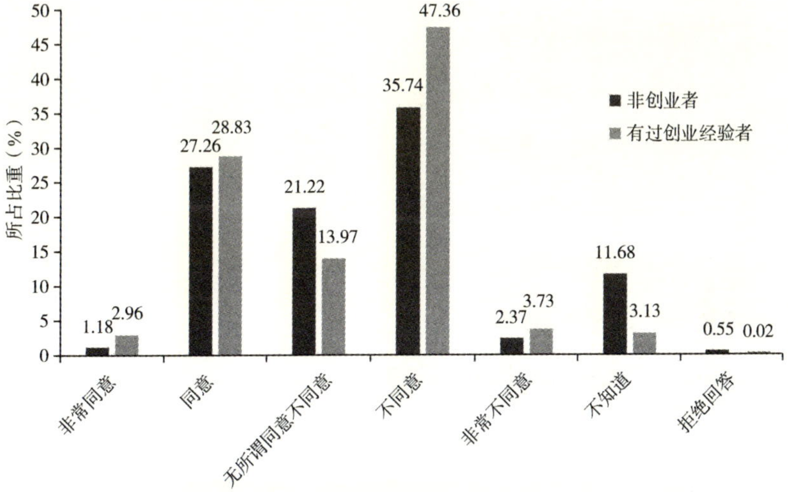

图 7-2 对于新方法被身边人采用才会勉强接纳的态度

总体而言，山东省城乡居民对创新的认识不足，对于新观点、新思路的接受程度较低。有过创业经验的人比没有创业经验的人更注重创新，其创新意识较强，对新观点和新方法容易接受。因此，山东省人民政府需要进一步提供创新创业的政策氛围，带动公众积极主动地提升创新意识和能力。

7.2 创业态度

针对创业态度的分析主要分为两部分:居民本人对创业的态度、居民周边群体对创业的态度。如图 7-3 所示,1～7 表示同意该观点的程度逐渐加强。居民对创业的态度中,1 分比重最大,其次为 2 分,依次逐渐降低。其中,希望成为创业者的完全同意的比重为 11.54%,认为创业有吸引力的比重为 11.92%,而想创业的比重仅为 12.93%。主要是由于创业对居民没有满足感,仅有 12.93%的居民完全赞同创业的好处多于坏处。山东省城乡居民对创业的认可度较低。

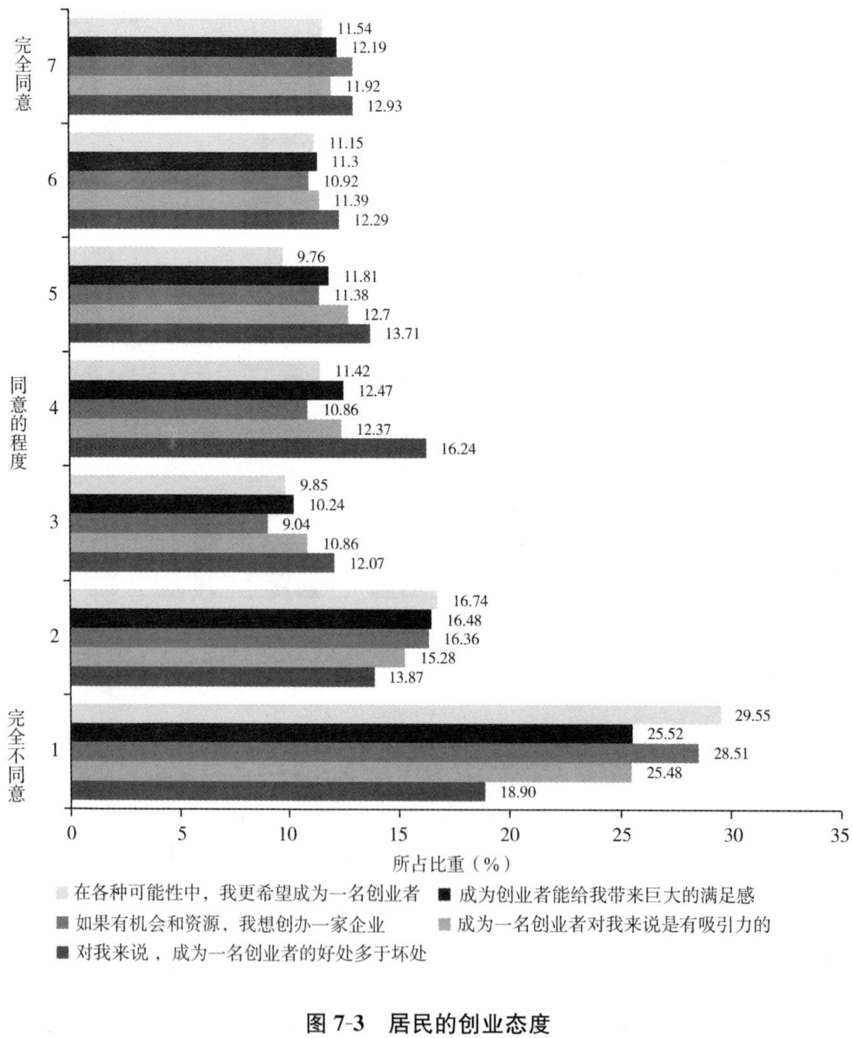

图 7-3 居民的创业态度

如图 7-4 所示，有过创业经验的居民与从未创业的居民在对创业的态度上呈现出了较鲜明的分化。首先，有过创业经验的居民中，70.28%的居民对创业持有积极的态度，具体表现为：认同创业的好处和吸引力；在具备条件的基础下，有意愿创办公司；在创业过程中获得满足感等。与之相反的是，没有创业经验的居民对于创业显得较为保守，他们并没有认识到创业的积极作用，也没有意愿投入创业。关于"对我来说，成为一名创业者的好处多于坏处"的观点，25.81%有过创业经验的居民会在最高程度上表示认同，而没有创业经验的居民认同的比重仅为 9.91%。

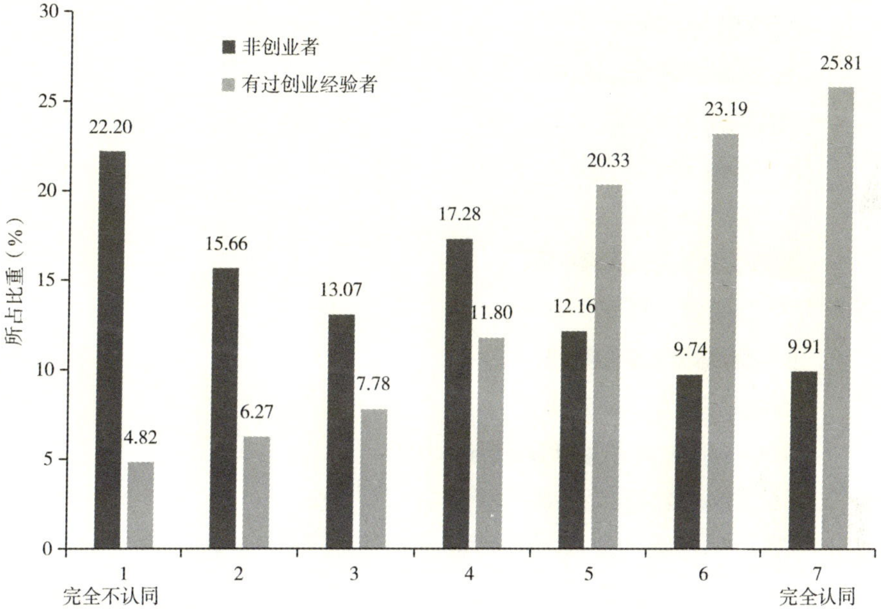

图 7-4　居民对创业者的好处多于坏处调查

通过对居民创业态度的分析发现，山东省居民的创业意愿和积极性较弱，创业带给居民的满足感普遍较低，即使有好的机会和资源，居民主动创办一家企业的可能性也较低。而有过创业经验的居民更倾向于再次创业，其创业积极性明显高于没有创业经验的居民。

关于家人、朋友、同事等周边社群对居民创业的认同程度（见图 7-5），25.05%的居民认为自己亲近的家人完全不赞同自己去创办一家公司，不会支持居民进行创业活动的朋友和同事的比重为 22.01%;完全支持居民创业的家人、朋友和同事的比重均较小,分别为 13.12%、10.91%和 8.76%。可见,不仅是居民本人对于创业的积极性不高,周边的家人、朋友和同事对于居民的创业支持程度也是极其有限的,山东省公众对于创业的积极性有待进一步提高。

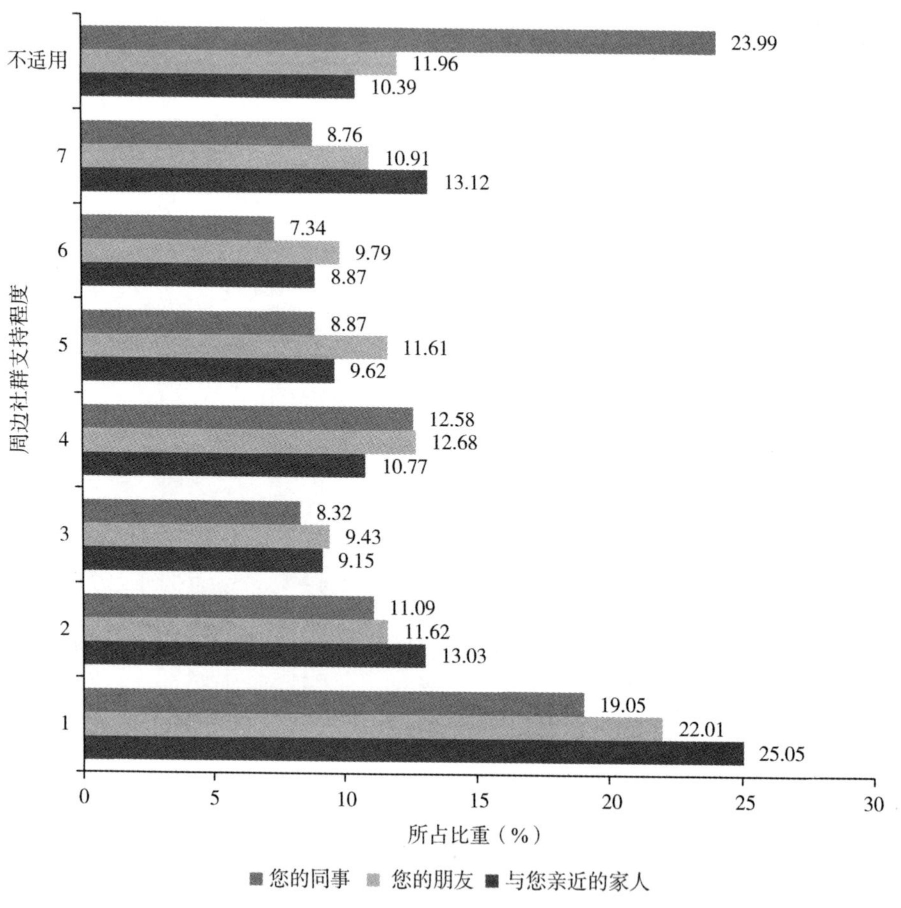

图 7-5　周边社群对居民的创业认同程度

如图 7-6 所示,居民预计家人对自己创业活动的认同程度与朋友及同事的态度预期相似。有过创业经验的居民会带给周边的人积极的创业看法,家人完全同意的比重为 27.19%,完全不同意的比重为 8.51%。而没有创业经验的居民,家人完全同意其创业的比重为 8.67%,完全不同意的比重为 32.99%。对于没有创业经验的居民，他们身边的人也对创业持谨慎和保守的态度。可见，二者的家人对创业态度差异巨大。

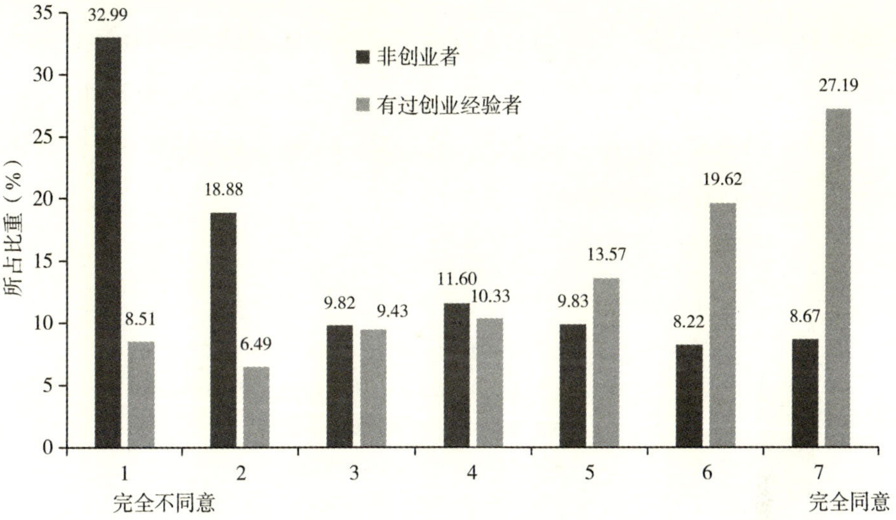

图 7-6　家人对居民的创业态度

综上所述，居民对创业的态度与其自身的创业经验可能存在着一定的联系。有过创业经验或正在创业的居民对创业持有较为积极的态度，而大多数没有创业经验的居民对创业的态度仍较为保守。这一分化与其在对创新的态度上的分化一致。此外，大多数非创业者对周围的人是否会支持自己创业行动持较为悲观的态度，这一态度不随社群亲疏远近程度的改变而产生差异。相反，有过创业经验的居民则认为周围的人对于自己创业是支持的。居民自身的创业经验与其对周围人态度的感知具有一致性。由此可见，对创业行为的积极认知和创业行为本身是相辅相成的。改变大众对创业的认知和态度将是激发全省创业活力的一个关键突破口。

7.3　创业能力和意愿

创业能力在本调查中体现为主观能力，是居民对自身是否具有创业能力的感知。创业意愿则指居民是否具有进行创业的意愿或创业计划。

居民的创业能力数据(见图 7-7)显示,55.84%的居民认为创办一家企业并维持运营对自己来说并不是一件简单的事情,仅有 1.46%的居民在最大程度上肯定自己为创办一家具有可行性的公司做了完全的准备。57.24%的居民在最大程度上否认自己了解创办一家公司所需的具体细节,认为“如果我努力去创办一家公司,成功的概率会很高”的居民仅占 2.53%的比重。综合来看,山东省居民对于自己创业能力的评估普遍较低,绝大部分的居民认为创办一家企业对自己来说是一件具有挑战的事情。

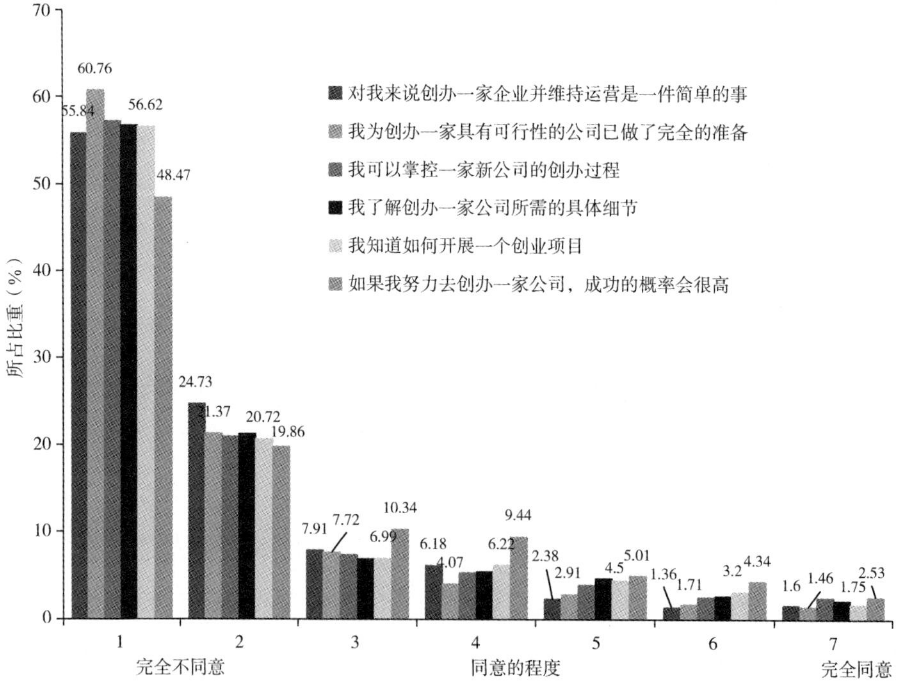

图 7-7 居民的创业能力认识

大多数居民认为自己不具备成熟的创业能力,具体体现为:强调创业难度、欠缺创业准备、不熟悉创业流程、不了解相关知识、缺乏对创业成功的信心。在非创业者的群体中,认为自己不具备创业能力的居民比重更大。如图 7-8 所示,关于“我知道如何开展一个创业项目”的观点,62.88%的没有创业经验的居民表示完全不同意,而在有过创业经验的居民中,完全不同意这一说法的居民比重为

29.90%,二者差异极大。

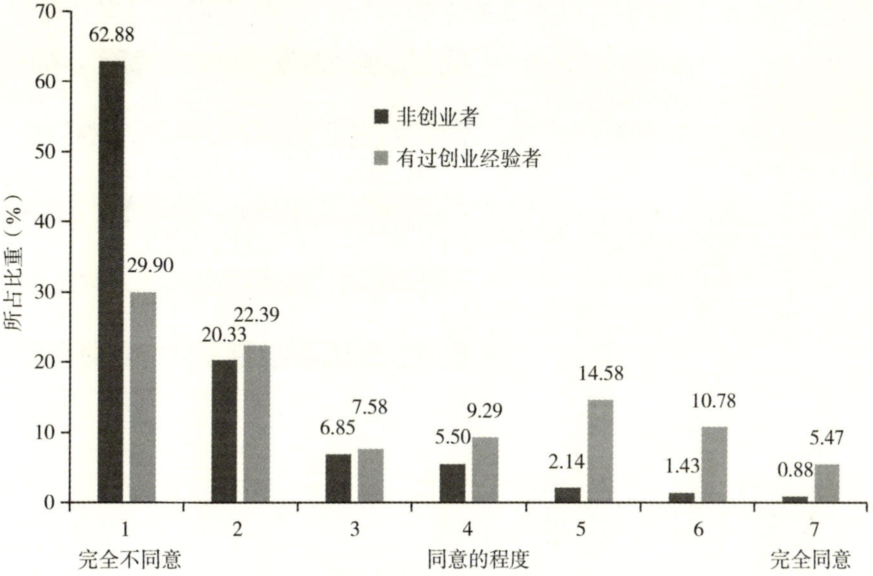

图 7-8 居民对开展创业项目的认知

如图 7-9 所示,关于创业意愿的 6 个观点描述,选择最低程度认同的居民比重最大,分别为 65.69%、60.82%、53.93%、62.97%、55.45%和 62.49%。也就是说,大多数的居民创业意愿较为消极。关于“我会尽一切努力去创办运作我自己的企业”的问题,8.25%的居民给出了最为肯定的答案,相对其他问题的肯定选项的居民比重大。虽然居民的整体创业意愿不高,但是居民对于创办和运营自己的企业愿意付出自己最大的努力。

对有过创业经验与没有创业经验的居民来说,68.06%没有创业经验的居民不具备明确的创业意愿或计划,创办企业和成为企业家并非其职业生涯的目标或职业规划的一部分,仅有 4.58%的居民非常同意在未来进行创业或成为一名企业家。而有过创业经验的居民具有创业计划的比重为 10.91%,比重远大于非创业者;没有创业计划的居民比重为 29.89%,比重远小于非创业者(见图 7-10)。

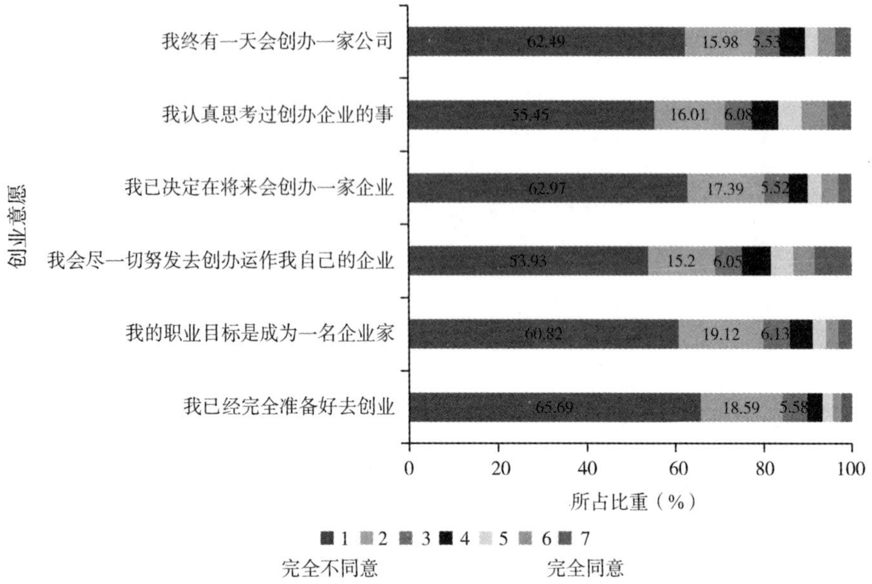

图 7-9　创业意愿调查

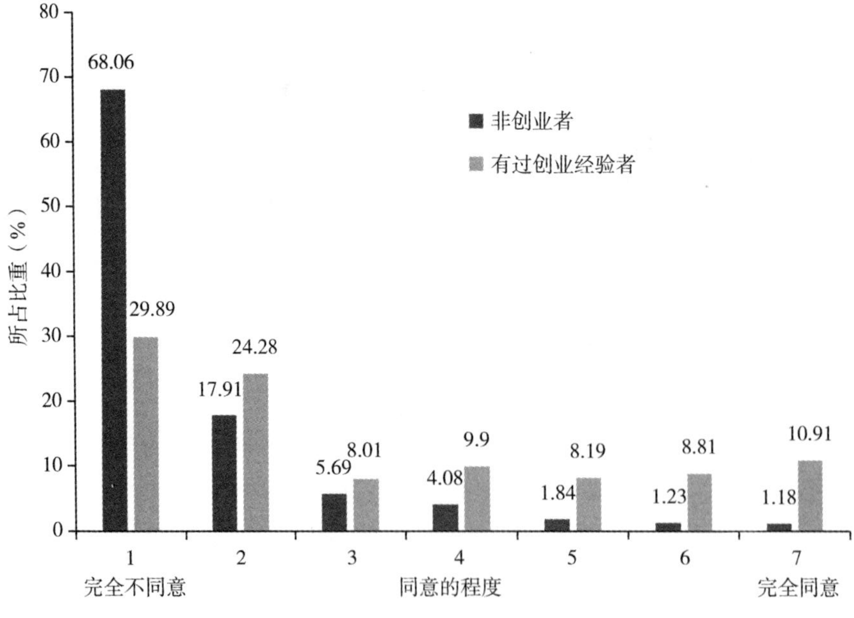

图 7-10　居民的创业计划

7.4 创业要素缺乏程度

居民在创业过程中要素的缺乏程度调查主要包括创业的资金、创业所需的专业知识、创业所需的管理能力、创业所需的社会关系、对市场方向与机会的洞察力、承受创业风险的能力。如图 7-11 所示，对于这 6 个要素，分别有超过 40.00%的居民认为是非常缺乏的，比重最大；公众对于创业所需的 6 个要素的现实情况并不满意，即认为目前这 6 个要素都有很高的提升空间。仅有 0.54%的居民认为现在创业的资金是非常充足的，这在 6 个要素的评估中选择同样选项的居民比重是最小的，认为创业资金比较不缺乏的居民有 4.46%，也就是说认为创业资金不缺乏的居民总共仅有 5.00%。通过对比发现，在这 6 个要素中创业资金的充足程度是最低的。

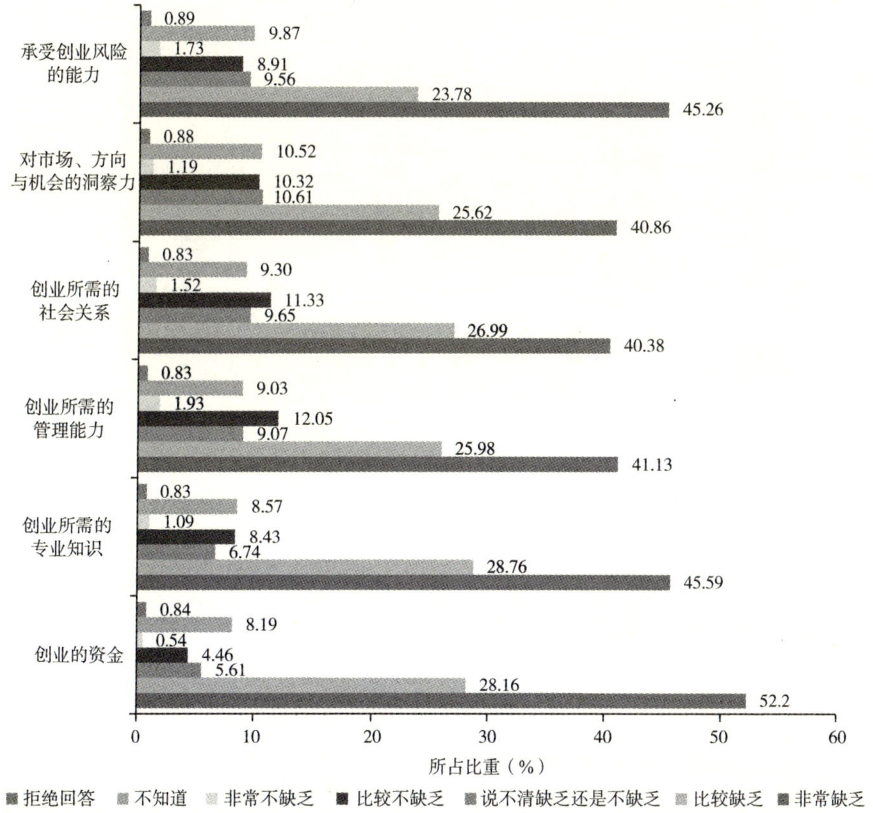

图 7-11 创业要素缺乏程度

如图7-12所示,有创业经验和没有创业经验的居民的回答呈现出明显分化:有创业经验的居民对各个要素的需求程度分布较为均匀,没有创业经验的居民倾向于表示非常缺乏各类因素。在各类要素中,资金的需求程度是最高的,80.85%没有创业经验的居民表示缺乏资金,其中非常缺乏资金的比重为55.81%;而在有创业经验的居民中,78.30%的居民表示缺乏资金,而非常缺乏资金的比重为36.81%,比重小于非创业者。

总体上,山东省城乡居民普遍认为在当前的环境下创业缺乏资金、能力、知识、社会关系和承受风险的能力,对创业持保守态度。尤其是没有创业经验的居民,认为创业要素完全缺乏,没有办法进行创业。

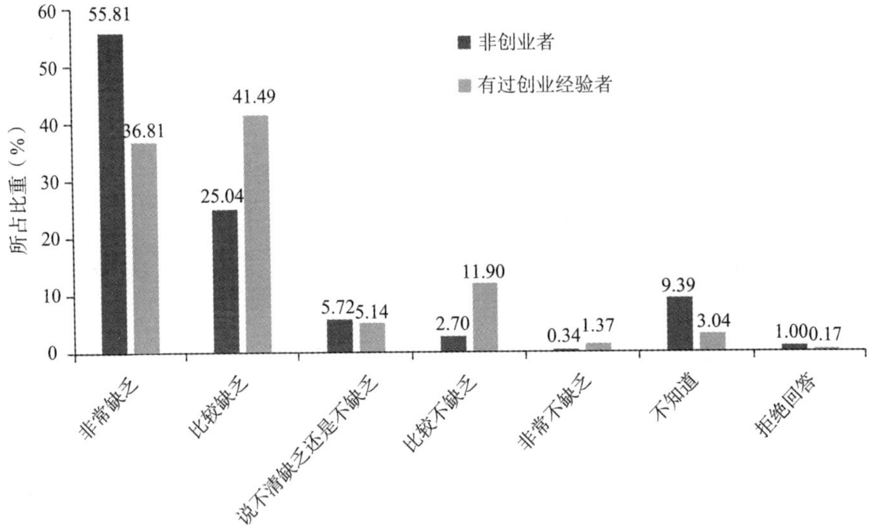

图7-12　创业资金缺乏程度

7.5　创业环境的满意程度

尽管居民们普遍认为目前创业要素非常缺乏,但他们坚信当今中国社会环境对创业比较有利。具体来看,居民普遍认同当前社会创业氛围活跃、创业优惠政策多、创业所需的风险投资和民间资本充足、创业市场发育完善、政府的创业服务优质、创业所需的人才资源充足。如图 7-13 所示，11.79％的居民认为当下创业环境情况完全符合社会的创业氛围活跃，认为情况较为符合的居民比重为 48.11％。33.70％的居民认为当前的创业市场发育完善，仅有 2.63％的居民认为当下的创业市场发育不完善。总体来说，山东省居民认为当前的创业环境较为乐观，大部分人对于创业环境的现存情况给出了较高的评价。但是选择不知道的居民仍占有一定的比重，20.00％左右的居民对于创业环境不了解，没有较多地关注创业内容。

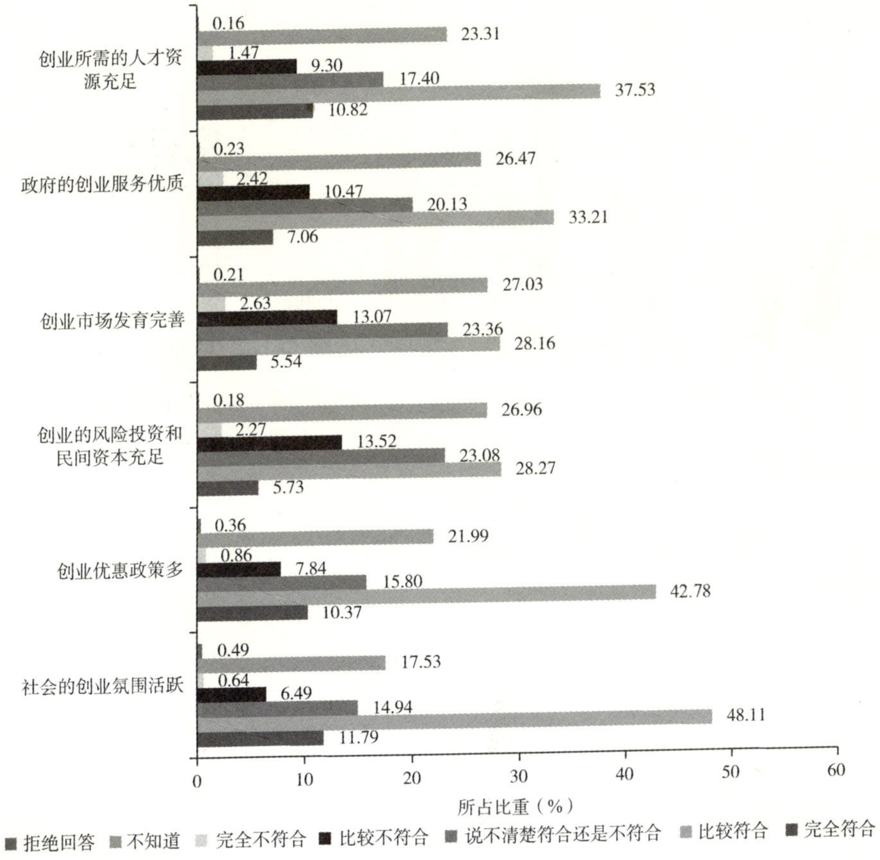

图 7-13　创业环境评价

如图 7-14 所示，有创业经验和没有创业经验的居民对创业环境的认识也存在较大差异。有创业经验的居民比没有创业经验的认知态度更加明确，37.85％

的居民认同创业投资风险与民间资本充足。在非创业者中,33.10%的居民认同创业投资风险与民间资本充足。30.01%的非创业者对创业风险投资与民间资本的现存情况不了解,仅有13.89%的有创业经验的居民表示不了解该情况。可见非创业者对创业环境的认知更低,对创业环境完全不了解的比重较大。山东省人民政府应当加强创业知识宣传,提高无创业经验者对创业知识的了解。

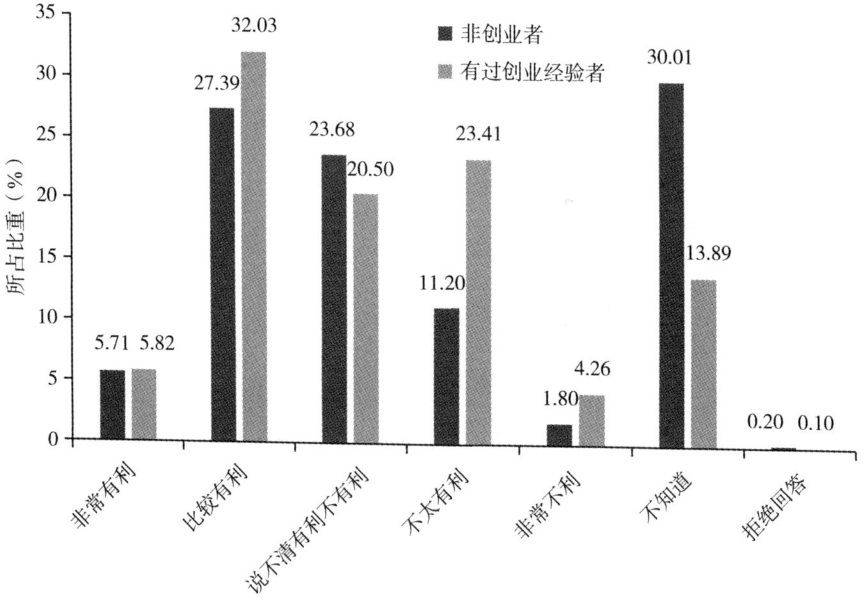

图 7-14　居民对创业风险投资与民间资本充足的认知

7.6　小结

本部分的要点总结如下:

(1)居民对新观点和新想法的接受程度分别为 56.80%和 41.77%,对创业中的新思路和新观点持怀疑态度或处于观望状态的比重分别为 57.14%和 33.42%。山东省城乡居民对创新的认识不足,对新鲜事物和新想法的接受程度较低,对创新的态度比较保守。

(2)总体上,有过创业经验或正在创业的居民对创业持有较为积极的态度,

70.28%的创业者认为创业好处较多；而没有创业经验的居民对创业的态度较为保守，仅有31.81%的认为创业好处多于坏处。周边同事、朋友和家人对居民创业的支持程度也较低，比重分别为24.97%、32.31%和31.61%。山东省城乡居民的创业积极性较低，对创业的认知和态度有待提高。

(3)80.00%以上的居民没有准备好创业，认为自己不具备创业能力，4.58%的居民会选择创办企业公司、成为企业家。有过创业经验的居民更多地表示有能力开展创业项目，具备创业计划。山东省城乡居民的创业意愿较低，大部分居民不会选择创业。

(4)在关于创业要素的调查中，65.00%以上的居民认为缺乏创业资金、创业知识、创业管理能力、承受风险能力和社会关系等，尤其是缺乏创业资金，比重达到了80.36%，其中有过创业经验的居民比重为78.30%。山东省城乡居民创业态度与积极性较低的重要原因就是缺乏创业要素。

(5)对于创业环境的认识，超过50.00%的居民认为创业人才、创业服务、创业优惠政策等已经具备，创业环境处于较为良好的态势。10.00%左右的居民对创业环境持否定态度，认为当前缺乏创业条件。研究发现，山东省城乡居民对创业的政策已经有了初步的了解，但是缺乏创业要素是限制居民创业的主要障碍。因此，政府既要保障创业环境稳定，又要为居民提供充足的创业要素，才能确保双创政策的有效落实。

参考文献

1. 辜胜阻，李睿．大众创业万众创新要激发多元主体活力[J]．求是，2015(16)：28-30.

2. 万钢．大力推动大众创业万众创新形成全社会支持和参与创新的良好局面[J]．中国科技产业，2014(12)：8-9.

3. 王昌林．大众创业万众创新的理论和现实意义[J]．科技创业，2016(2)：

36-37.

4. 张前荣．加快推进“大众创业、万众创新”[J]. 宏观经济管理，2015(6)：17-19.

5. 张晓强，徐占忱．关于大众创业万众创新的理论思考[J]. 四川统一战线，2015(12)：4-4.

6. 朱云鹃，李颖，李丹．“大众创业、万众创新”战略溯源研究——改革开放以来中国技术创新演变脉络[J]. 科技进步与对策，2017，34(1)：9-14.

8　互联网视角下的治理与发展

互联网，始于 1969 年美国的阿帕网（Abbate，1994），是利用交换机、路由器等网络设备，各种不同的连接链路，种类繁多的服务器和数不尽的计算机、终端，连接成的庞大网络（Bardopoulos，2015）。互联网能够不受空间限制来进行信息交换，实现人与人之间实时互动交流。

互联网的普及，给社会经济发展带来了巨大影响（King，2010；谢印成等，2015）。首先，互联网经济对传统的经济模式进行了变革，以信息技术产业为主的第三产业极大地推动了社会经济发展，虚拟产业发展提供了更多的就业机会，解决了人口就业问题（左岸，2015）；其次，互联网经济实现了跨地区、跨国际的交易，节约成本，节省时间，使得产业发展全球化（葛伟民，2004）。

中国互联网使用始于 20 世纪 80 年代。经过几十年的时间，中国网民规模呈现持续快速发展的趋势（向蓉美，2008）。2008 年 6 月底，中国网民达到 2.53 亿，首次超过美国网民人口；2015 年 12 月，中国网民达 6.88 亿，互联网普及率达到 50.30%，过半数中国人已经接入互联网；2017 年，中国网络普及率达到 55.80%，互联网使用率持续增长（雷楠等，2006；石惠敏，2017）。但是，互联网也具有消极影响，主要包括虚假信息、网络欺诈、病毒与恶意软件、色情与暴力、黑客攻击等，给人们的生活带来了安全隐患。

本部分基于山东综合社会调查数据描述互联网视角下的治理与发展，主要包括网络接触、网络行为、在线社交、网络认知等互联网使用方面的内容，以及居民对互联网与政治、社会、个人隐私、维权等行为的看法。

8.1 网络接触

山东综合社会调查主要调查了山东省互联网基础设施普及度以及山东省居民的真实互联网使用率,询问居民家庭是否接入互联网、居民是否上网以及个人拥有的上网设备数量等情况。

在调查山东省居民家里是否能够上网时(通过电脑、手机等电子设备上网都算),结果显示(见图 8-1),65.67%的居民家中能够上网,这一结果与《第 41 次中国互联网络发展状况统计报告》中的统计数据(见图 8-2)相吻合,表明山东省互联网接入普及率略高于全国平均水平。

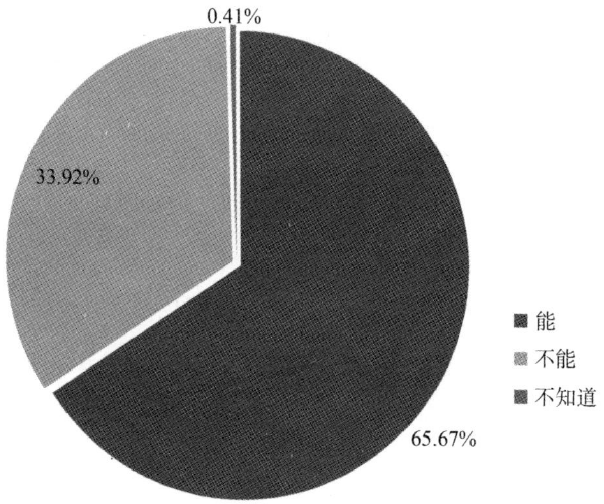

图 8-1　家庭网络接入情况

个人拥有多少可以上网的设备(包含台式机、笔记本电脑、平板电脑、智能手机手表、电子书等各类联网设备)的数据显示(见图 8-3),1.35%的居民虽然上网,但自身却没有可以上网的设备,27.34%的居民拥有 1 台可以上网的设备,41.96%的居民拥有 2 台可以上网的设备,19.94%的居民拥有 3 台可以上网的设备,还有 7.41%的居民拥有 4 台及以上可以上网的设备。总体来看,山东省有超过一半的网民拥有 2 台以上可以上网的设备。

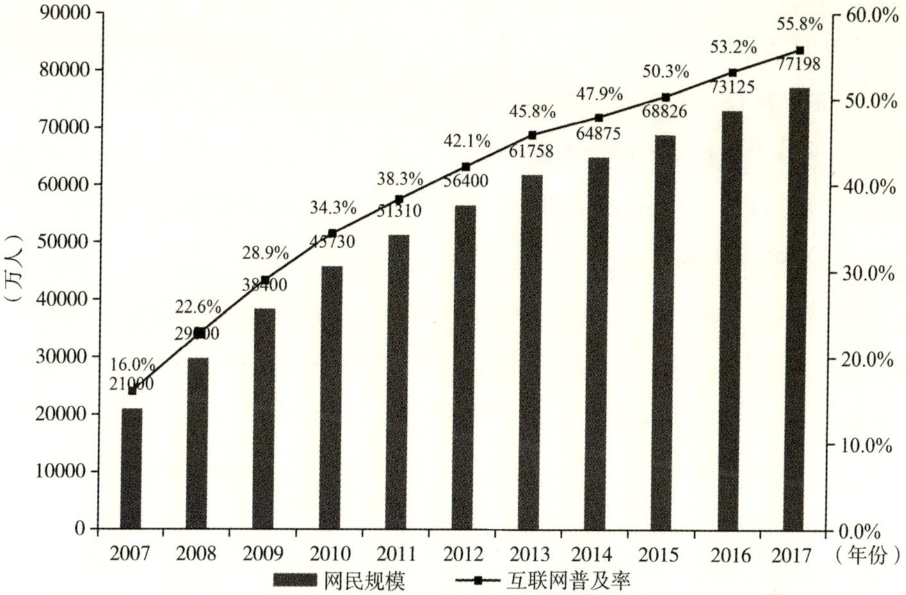

图 8-2　中国网民规模和互联网普及率

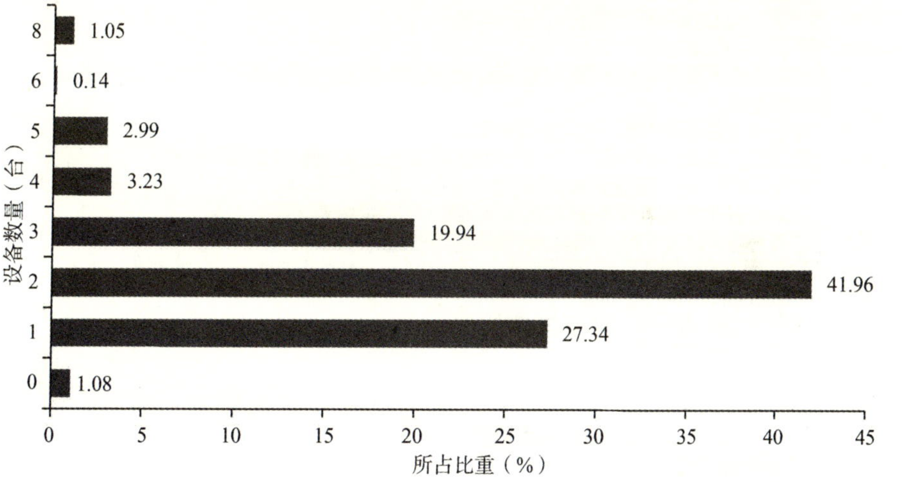

图 8-3　个人拥有可以上网的设备数量

关于居民首次上网年份的问题，主要用于调查山东省居民的首次上网时间，同时测量山东省互联网真实使用率。在评价互联网接触时，大部分调查如中国互联网络发展状况报告等，一般依据可接互联网的终端设备进行判定。传统的互联网普及率实际上反映的是某一地区的互联网基础设施及硬件接入的普及度,无法真实说明该地区居民的互联网使用情况。为了更好地测量山东省居民互联网的实际使用状况及网络行为,在了解山东省互联网接入普及率的基础上,进行上网行为分析。上网行为主要是指有目的地使用互联网工作、学习、社交或在线购物等行为,而非指仅仅拥有能够接入互联网的终端或偶尔“触网”的行为,统一称之为“互联网使用率”。

数据显示,截至 2016 年底,山东省 57.09%的居民未实际使用过互联网,互联网总体使用率为 42.91%。从首次上网年份(见图 8-4)来看,2000 年以后每年新接触到互联网的居民比重大于 2000 年之前,其中 2000 年、2007 年、2010 年这几年首次上网的居民比重较大,均超过了 2.50%,但是最近两年有所回落。

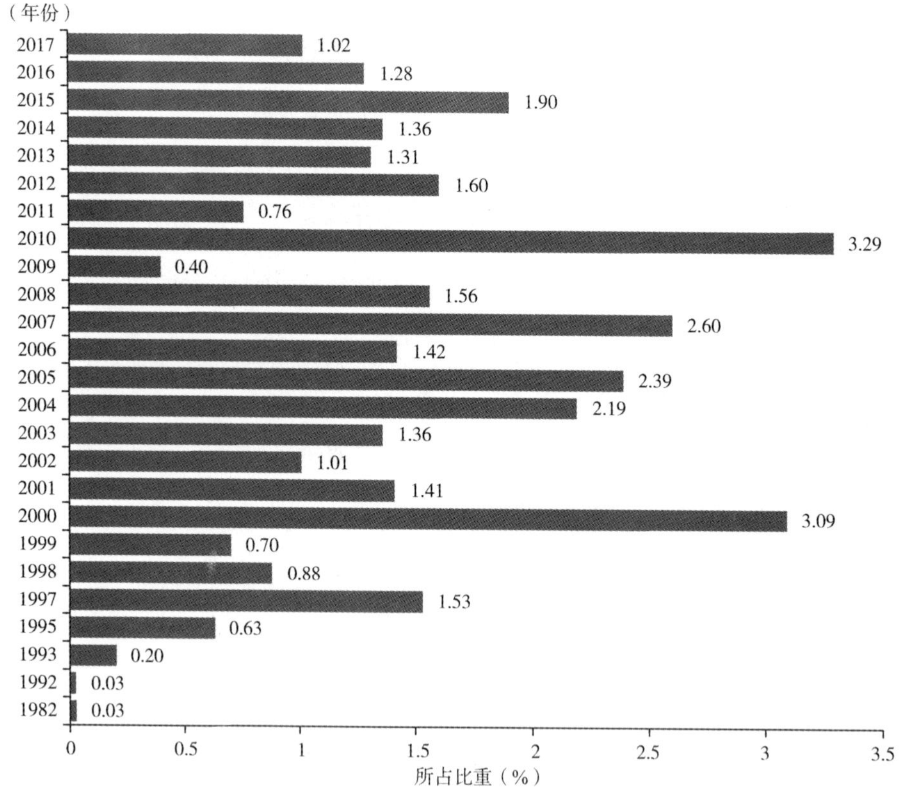

图 8-4　首次上网年份

为了确保数据可信有效，调查还询问了居民第一次上网距今有多少年这一问题(见图 8-5)，以便与首次上网年份问题进行比对。数据显示，52.84%的居民表示至今未上过网，这一点与首次上网年份的结果十分接近，居民首次上网距今年数与首次上网年份的统计结果能基本吻合，对二者进一步展开相关性分析，测得的相关系数 r 为 0.8329，高度相关，所以说，山东省居民互联网使用率的调查数据总体上是可信的。

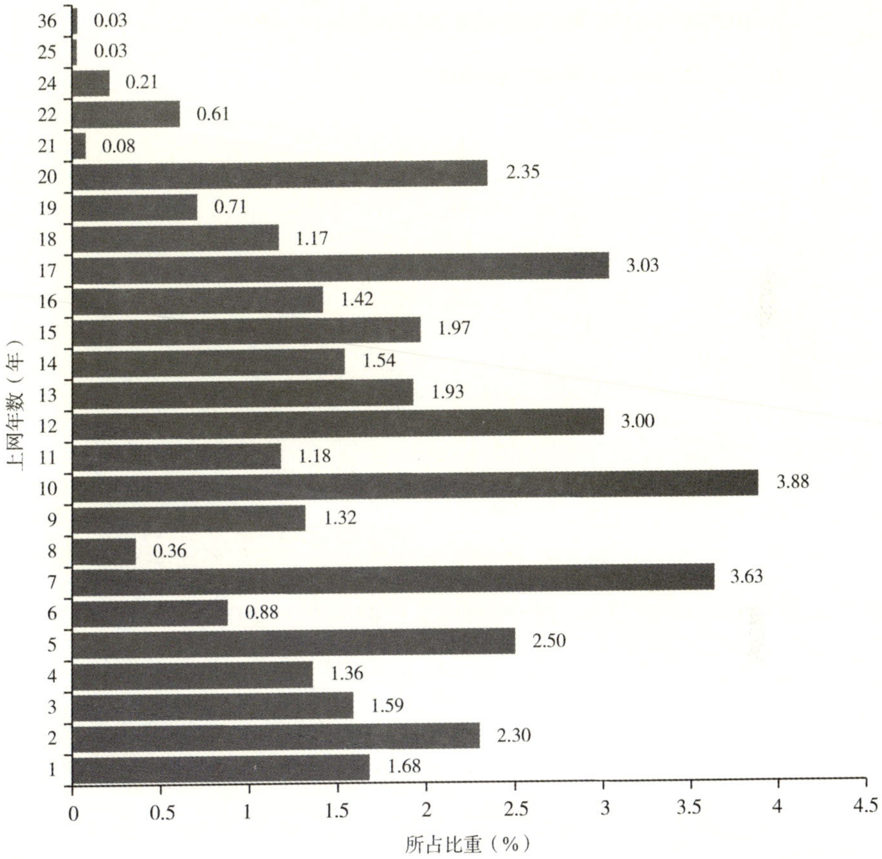

图 8-5　首次上网距今有多少年

从年龄段分布来看，各年龄段居民使用互联网的比重差距显著(见图 8-6)，其中 18～29 岁、30～39 岁这两个年龄段经常使用互联网的比重分别为 32.68%和 33.47%，而 40～49 岁经常使用互联网的比重则降至 19.59%，50～59 岁经常使用互联网的比重超过了 10.00%，说明山东省互联网在向高龄人群渗透。总体上看，山东省 40 岁以下人群中经常使用互联网的比重在 30.00%左右，这意味着山东省中青年人群中有近 70.00%的不经常使用互联网。18～40 岁人群作为互联网使用的中坚力量，提高这部分人群的互联网使用率，可以进一步提升山东省的总体互联网使用率。

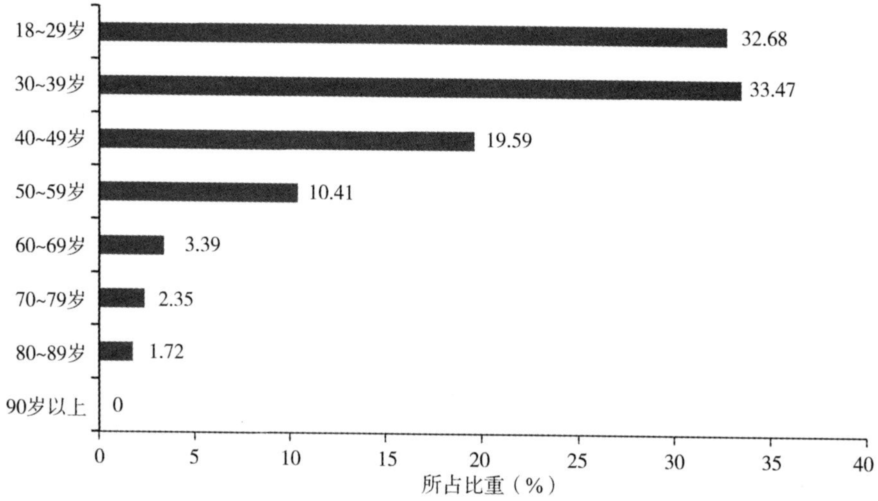

图 8-6 各年龄段互联网使用率

一般认为，教育程度和互联网使用率息息相关。分析结果显示(见图 8-7)，未接受过任何教育和仅参加过扫盲班的人群的互联网使用率几乎为零。除普通高中文化程度的人群外，具有职业高中以上文化程度的人群其互联网使用率均达到了 30.00%左右，其中具有研究生及以上文化程度的人群的互联网使用率最高，达到了 43.33%；其次为具有中专文化程度的人群，其互联网使用率为 37.61%。教育程度与互联网使用率显著相关，说明山东省拥有大学文化程度以上居民的互联网使用率有较大的提升空间。

如图 8-8 所示，山东省互联网普及程度在城乡和各地市间的差别较大。城乡对比方面，山东省城市互联网普及率为 71.76%，农村互联网普及率为 35.86%，城市的互联网普及率是农村的 2 倍。

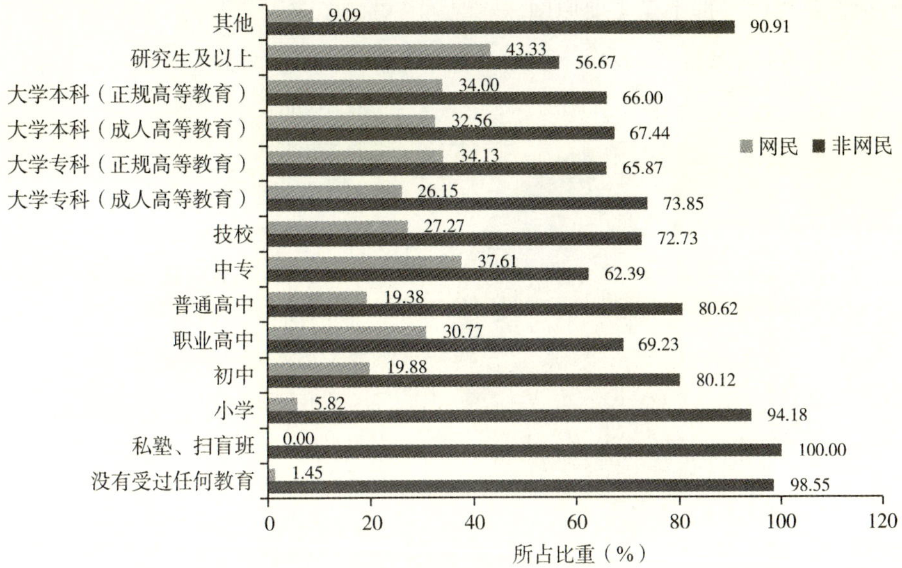

图 8-7　受教育程度与互联网使用率

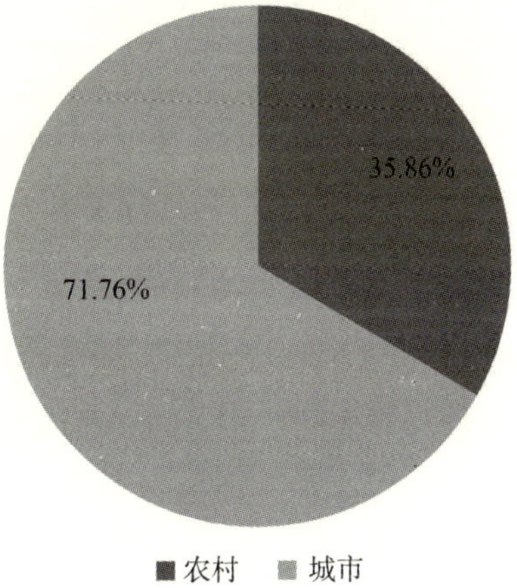

图 8-8　农村与城市互联网使用率

居民没有上网的主要原因统计数据显示（见图 8-9），35.90%的居民因为年龄原因没有上网，27.81%的居民表示不知道什么是上网，27.55%的居民表示不会上网、没有人教、用起来很困难，1.83%的居民回答“没有用的必要”。总体而言，山东省居民基本意识到了互联网时代上网的必要性，但是制约山东省互联网普及率的主要因素在于年龄原因、上网技能的培训和教育，而上网费用、上网场所和设备等因素都不是主要原因。

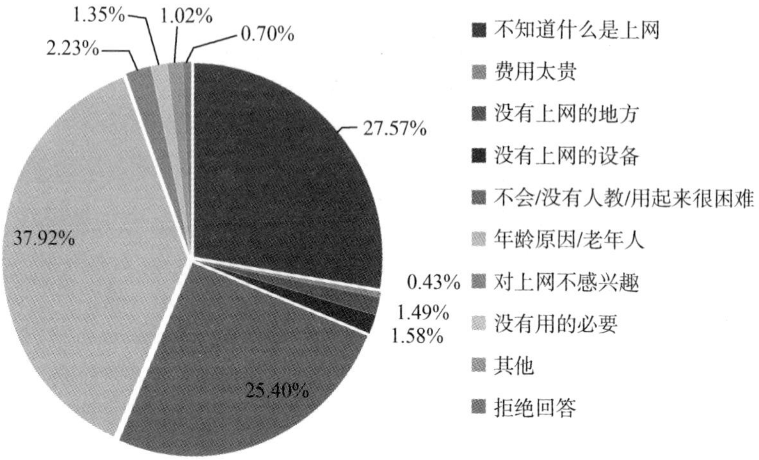

图 8-9　没有上网的主要原因

8.2　网络行为

互联网的使用主要围绕网络行为、在线社交、网上购物、网络办公等方面的内容展开，重点分析山东省居民上网的行为特征及其对互联网使用的认识。

针对每周上网时长的调查结果分析显示(见图 8-10)，网民平均每周上网时长为 16.72 小时(平均每天 2.39 小时)。其中，平均每周上网 14 小时的居民最多，占总数的 17.04%；平均每周上网 7 小时的居民次之，比重为 13.13%。居民平均每周上网时长集中在 7～21 小时。平均每天上网时长为 1～3 小时，该时长区间的居民比重为 53.49%；平均每周上网时长 7 小时以下的居民比重为 23.73%；21 小时以上的居民比重为 18.45%。

《第 41 次中国互联网络发展状况统计报告》显示，2017 年，我国网民的人均上网时长为 27 小时/周。比较来看，山东省居民平均每周上网时长大幅低于全国平均数，反映了山东省网民相比全国网民较低的互联网使用频率(见图 8-11)。

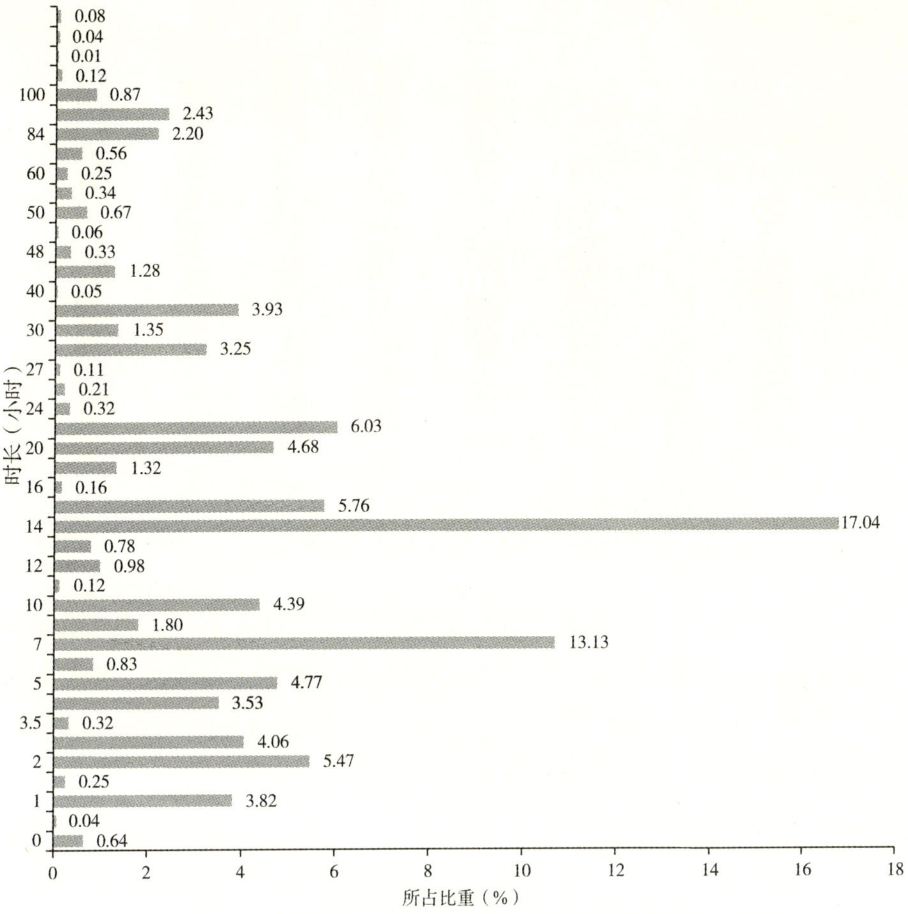

图 8-10　每周上网时长

关于网民自身对其互联网使用能力的判断数据显示(见图 8-12),79.46%的网民表示会使用电脑打开网站,具备基础上网技能,19.18%的网民表示不会打开网站。82.16%的网民能够使用智能手机下载和安装手机软件(APP),16.03%的网民不能够使用智能手机下载和安装 APP。关于网络信息方面,81.75%的网民能在网上查找自己需要的信息,76.47%的居民能够在看到周围人转发的信息时(微信、微博等),先验证,再相信;71.00%的网民在使用网上支付时,优先确定网络环境的安全性,具有一定的网络安全意识,懂得如何对网络信息进行审核,以保障自身使用的网络环境安全。

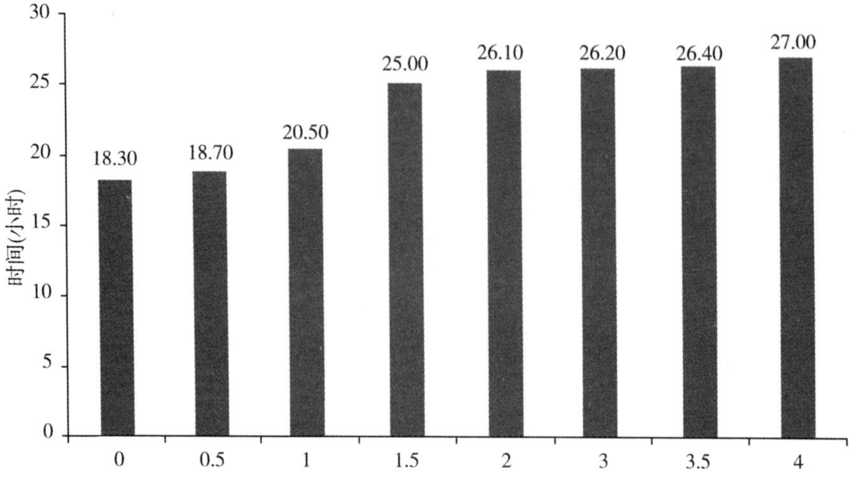

图 8-11　中国网民平均每周上网时长

总体来说,网民自身对其各项互联网使用能力进行评估时,认为自己具备该项技能的比重从高到低排序为:在网上查找自己想要的信息、会使用电脑打开网站、会使用智能手机下载和安装 APP、会先验证再相信周围人转发的重要消息、知道如何在网上表达自己的想法、会观察使用环境来确定是否在线支付。在具体比重上,除了在线支付安全判断技能方面,其他技能的比重均在 70.00%以上。仍然有 1/3 的网民在掌握上网基本技能方面存在障碍,需要进一步的学习、提高与熟练。

过去一年中居民上网的频繁程度数据显示(见图 8-13),23.54%的网民表示总是使用互联网进行社交活动(如通过 E-Mail、QQ、微信、Skype 等与人交流),43.68%的网民表示经常进行在线社交活动。过去一年里,33.40%的网民会经常上网进行自我展示,在微信朋友圈、QQ 空间、微博等平台记录与分享自己的心情,利用网络对自己进行宣传。10.29%的网民会进行网络维权,利用网络手段替他人伸张正义。

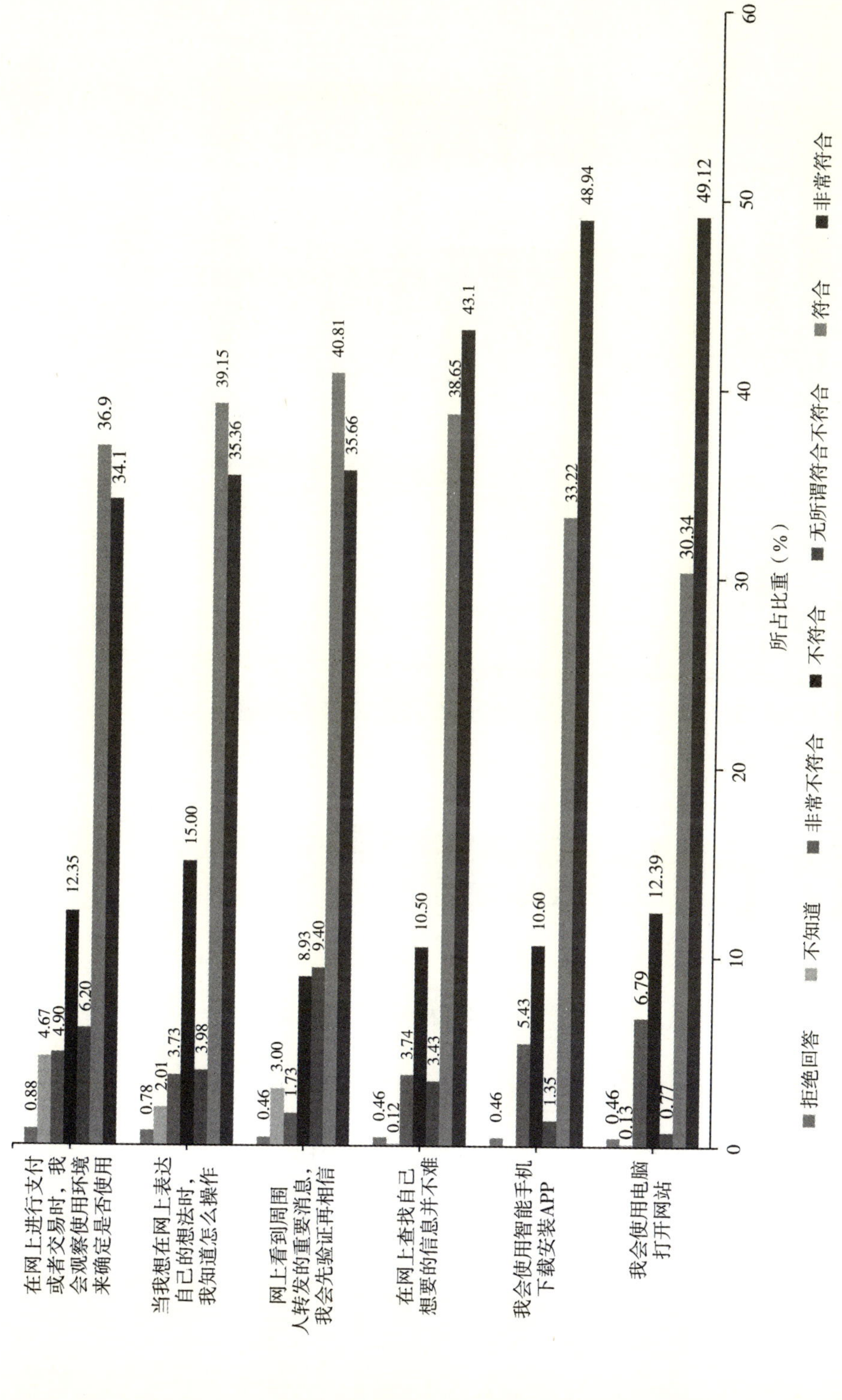

图8-12　对自身互联网使用能力的判断

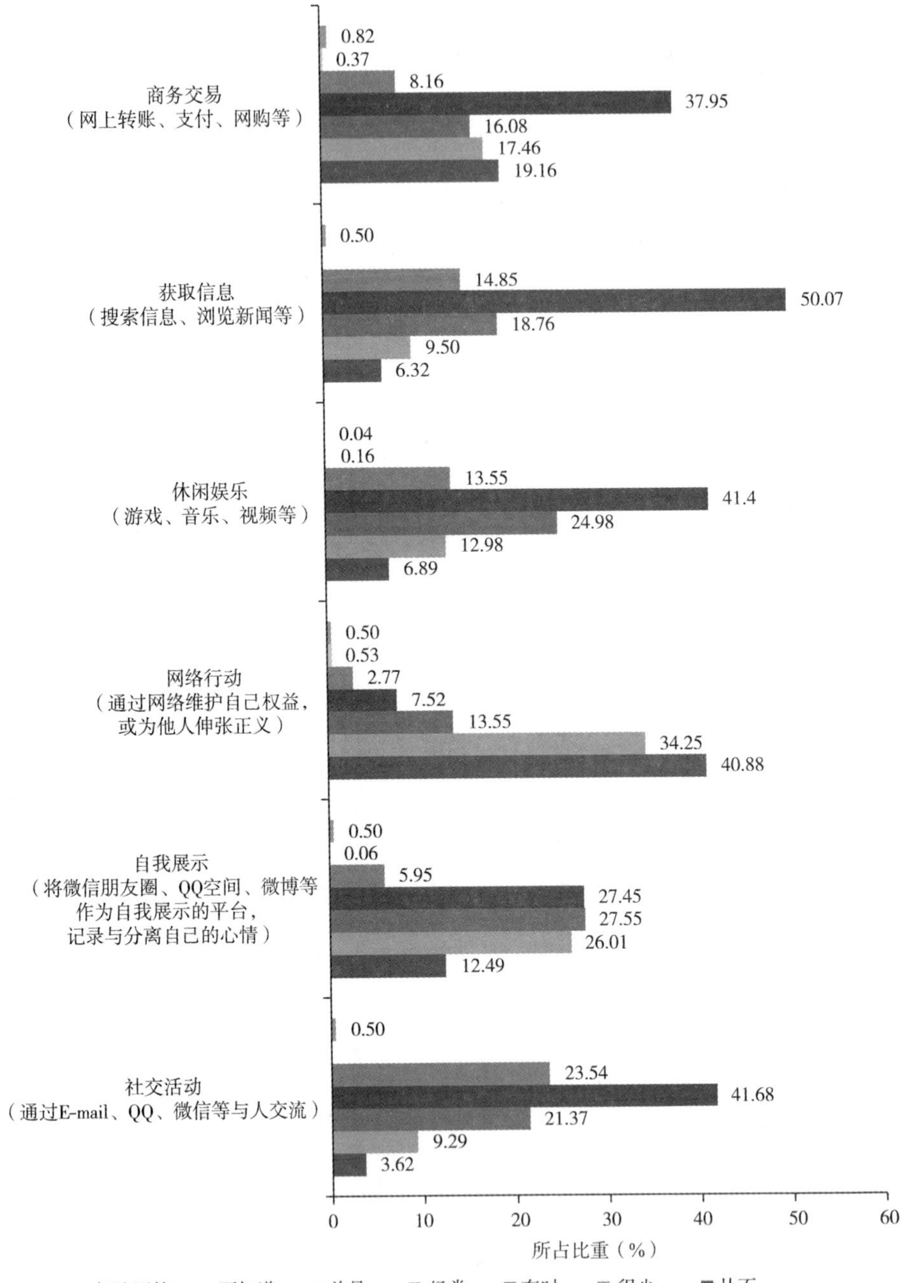

图 8-13　在过去的一年里因为各项事情而上网的频繁程度

在休闲娱乐方面，54.95%的网民在过去一年时间里经常进行在线娱乐活动，如在线玩游戏、听音乐和看视频等，64.92%的居民表示会利用互联网通过搜索或浏览新闻等获取有用信息。而经常利用互联网进行商务交易活动的网民占总数的46.11%，主要包括网上转账、支付和网络购物等。

总体来说，在调查网民在过去一年里利用互联网从事的各项活动方面，依照使用的频繁程度从高到低排序为：在线社交、获取信息、休闲娱乐、商务交易、自我展示、网络维权。具体比重上，网民较为频繁地利用互联网进行在线社交、获取信息、休闲娱乐这3项活动的比重最大，均超过了50.00%，商务交易和自我展示类活动的比重略小，分别为46.11%和33.40%，网络维权行为的比重最小，只有10.29%。山东省网民上网主要以消费者的角色获取信息或休闲娱乐，而较少参与内容制造类活动（如在微信朋友圈、QQ空间、微博等平台发布内容）或使用在线支付。

居民通过互联网浏览、转发、评论、发布信息的频繁程度如图8-14所示，61.58%的网民较为频繁地在互联网上浏览已有信息，参与度最高，22.20%的网民会经常在网上转发已有信息，只有19.40%的网民会在网上评论已有信息，而发表信息的网民比重为18.34%，参与度最低。可见，山东省网民上网时以内容消费为主、内容制造为辅。在浏览、转发、评论、发布信息等方面，山东省网民较为经常地从互联网上获取和浏览信息，但较少参与互动和信息发布。

关于上网对居民生活各方面的影响调查如表8-1所示，62.94%的网民认为上网的时间越来越长了，相比过去，每天在网络上花费的时间更多。而且上网时间通常会超过自己的计划，50.06%的网民无法按照计划时间上网。但是仅有21.00%的网民承认自己有网瘾，如果一段时间不上网就会坐立不安，家人对其上网也有一定的抱怨。18.55%的网民认为家人会认为其上网花的时间过多，而没有时间陪伴家人。

网络对居民身体健康的影响也是一把双刃剑。45.54%的网民将上网作为排解心理问题的一种手段，当感到心情不好或存在心理压力时，通过上网可以缓解压力，忘却伤心事。而也有网民表示，上网使自己的身体健康受到严重影响，33.27%的网民因为上网，视力变差了；30.53%的网民因为上网，肩膀和颈椎都出现了问题。

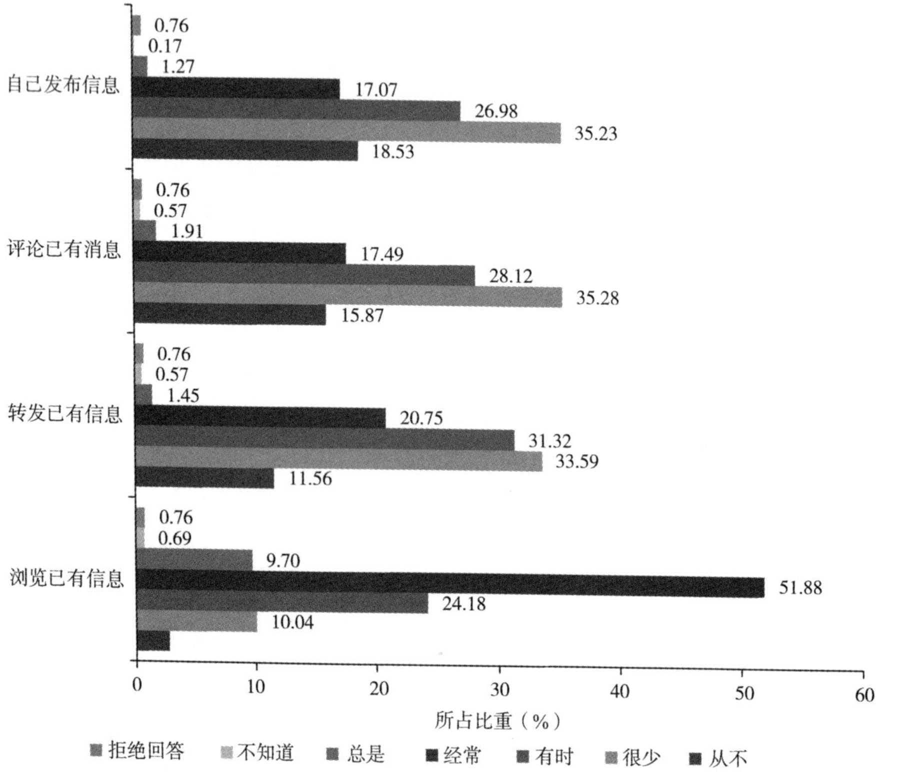

图 8-14　通过互联网浏览、转发、评论、发布信息的频繁程度

关于网络对居民社交活动的影响，27.48%的网民认为上网导致其外出活动时间减少。仅有 9.11%的居民认为上网会让自己与周围的人变得更疏远。25.33%的网民认为，上网对其日常生活和工作产生了重要影响，因为上网占用了日常生活与工作时间，既影响工作效率，又影响生活作息。

总体来看，相比过去，山东省网民上网时间越来越长。有不少网民认为其上网时间经常会超出其计划，部分网民已经有网瘾，且遭到家人的抱怨。上网作为消遣和排解心理压力的一种方式，得到了越来越多人的认可，但同时对人民的身体健康也产生了一定的影响，过度上网导致人们出现视力降低、腰肩关节酸痛等问题。虽然上网会在一定程度上减少网民的外出活动，但不会疏远网民与周围人的关系。70.00%的网民认为上网并没有影响其工作和生活。因此，控制上网时间，科学合理地利用网络，是健康上网的重要体现。

表 8-1　上网对生活各方面的影响

项目	非常符合（%）	比较符合（%）	无所谓符合不符合（%）	比较不符合（%）	非常不符合（%）	不知道（%）	拒绝回答（%）
和以前相比，我上网的时间越来越长了	16.63	46.31	7.78	22.46	4.64	1.35	0.84
当感觉心情不好时，我就上网，这样我会感觉好一些	7.95	37.59	18.36	26.84	6.53	1.89	0.84
我上网的时间常常比计划的时间更长	8.90	41.16	13.09	27.41	6.33	2.27	0.84
因为上网，我的日常生活受到了影响	4.49	20.84	9.66	48.73	13.66	1.79	0.84
因为上网，我的工作受到了影响	2.75	13.86	9.90	51.57	17.91	2.38	1.63
因为上网，我和周围的人变得更疏远了	2.91	6.20	8.46	58.12	21.91	1.57	0.84
如果有一段时间不上网，我就会坐立不安	5.03	15.97	11.84	45.82	19.22	1.29	0.84
因为上网，我外出活动的时间越来越少了	5.01	22.47	6.38	46.48	17.41	1.40	0.84
因为上网，我的视力变差了	6.16	27.11	8.07	41.56	14.49	1.76	0.84
因为上网，我的肩膀和颈椎都痛	5.65	24.88	7.88	44.54	14.85	1.36	0.84
家人抱怨我花了太多时间在网上	4.64	13.91	5.04	48.74	24.03	2.66	0.98

访问网站时经常需要注册登录，在填写注册信息时，人们信息填写的真实度不同。如图 8-15 所示，20.19％的网民表示所填的信息都是真实的，38.38％的网民表示所填的信息大部分都是真实的，表示所填的信息大部分都是虚构的和几乎都是虚构的比重为 10.42％。研究表明山东省网民在注册登录时，所填注册信息大部分都是真实的，个人信息保护意识淡薄。

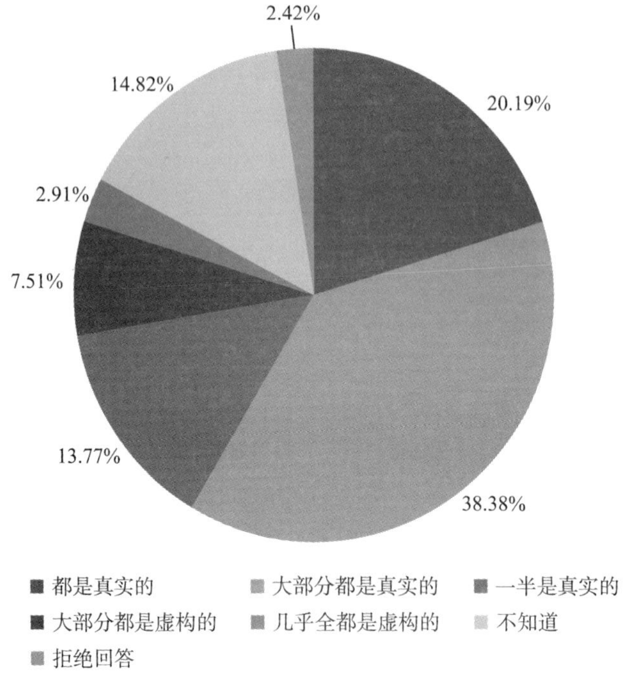

图 8-15　网站注册信息填写的真实度

8.3　在线社交

本节主要包括互联网的使用对居民社会交往的影响以及居民使用主流在线社交工具的情况。

8.3.1　社交影响

网民周一到周五工作日期间通过网络联系的人数如图 8-16 所示，大部分网民每周工作日通过互联网联系的人数在 10 人以下，比重为 58.88％。其中，0～4 人的比重为 30.14％，5～9 人的比重为 28.74％，10～19 人的比重为 14.61％，8.48％的网民表示每周工作日通过互联网联系的人数在 50 人及以上。山东省城乡居民工作期间联系的人数主要在 10 人以内。

表 8-2 的数据显示，61.11％的网民表示互联网让他们与有共同爱好的人的关系变得亲密，仅 2.27％的网民认为互联网让他们和有共同爱好的人的关系变得疏远。同时，网民对互联网促使其与相同政见的人、共同宗教信仰的人变得更

亲密的比重变化较小，分别为 35.94%和 14.21%。而网民与家人、朋友和同事关系变得更亲密的比重大幅增长，分别为 63.39%、68.66%和 57.88%。总体来看，互联网对山东省网民与周围人群的交往起到了不同程度的积极作用，尤其是有相同爱好的人、家人、朋友、同事等群体的关系变得更加亲密了，对与有相同宗教信仰和持相同政见的人的关系影响较小。

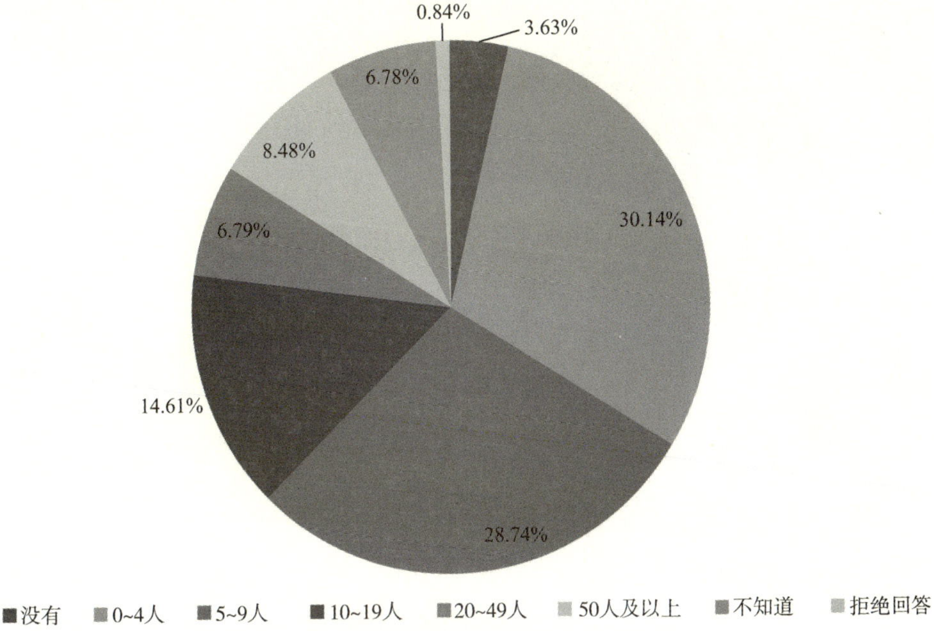

图 8-16 周一到周五每天通过网络联系的人的数量

表 8-2 互联网在多大程度上改变了和不同人群的交往

项目	更亲密(%)	亲密(%)	没变化(%)	疏远(%)	更疏远(%)	不知道(%)	拒绝回答(%)
和您有共同爱好的人	26.68	34.43	28.79	2.08	0.19	6.82	1.02
和您政见相同的人	14.79	21.15	36.46	0.64	0.34	24.78	1.84
和您有共同宗教信仰的人	8.26	5.95	32.73	0.93	0.15	46.1	5.88
家人	29.24	34.15	25.81	4.99	0.78	3.96	1.07
朋友	28.65	40.01	22.63	2.89	0.49	4.26	1.07
同事	26.23	31.65	26.4	1.84	0.64	11.73	0.00

8.3.2 在线交流工具

如图 8-17 所示,使用 QQ 的网民比重为 73.35%,其中 52.90%的网民虽然使用过 QQ 但没有作为群主建过 QQ 群,真正使用过 QQ 且作为群主建过 QQ 群的比重为 20.45%。23.85%的网民表示没有使用过 QQ。

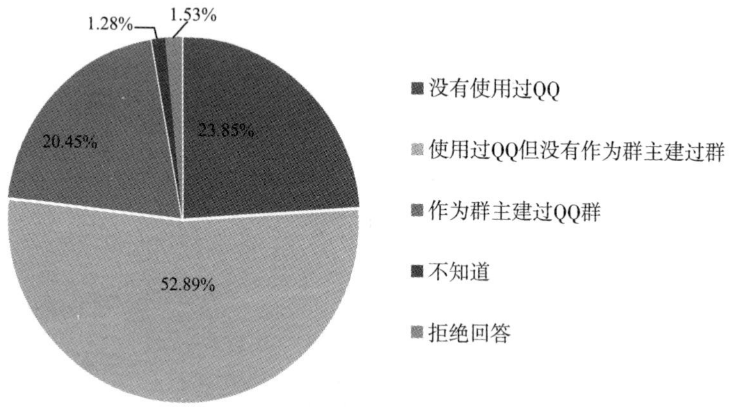

图 8-17　QQ 使用统计

使用过 QQ 且作为群主建过 QQ 群的网民的建群数量如图 8-18 所示,大部分网民建群的数量在 3 个以内,比重为 66.76%。其中,建过 1 个群的比重为 19.60%,建过 2 个群的比重为 26.19%,建过 3 个群的比重为 20.97%。网民中建立最多的 QQ 群数量为 47 个,10 个以上 QQ 群的比重为 14.79%。总体来说,山东省使用过 QQ 的网民建立的 QQ 群数量主要在 3 个以内,也有部分网民建过 10 个以上的 QQ 群。

如图 8-19 所示,93.43%的网民使用过微信,其中 62.57%的网民表示虽然使用过微信但没有作为群主建过微信群,真正使用过微信且作为群主建过微信群的比重为 30.86%,仅有 3.59%的网民表示没有使用过微信,间接地反映了 2017 年微信在山东省网民中的普及程度已经超过 QQ。

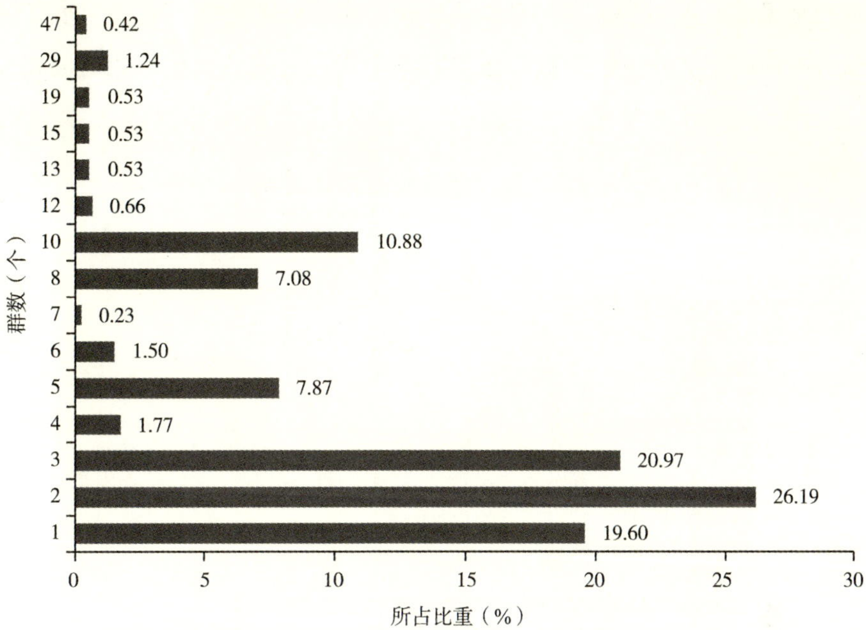

图 8-18　作为群主建立 QQ 群的数量

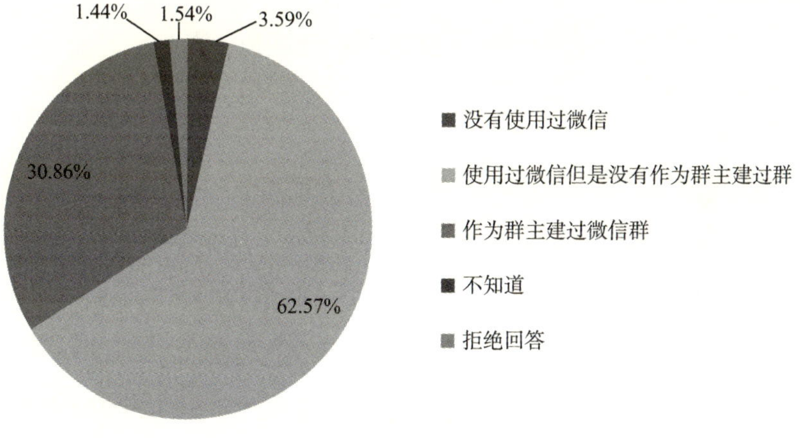

图 8-19　微信使用统计

使用过微信且作为群主建过微信群的网民的建群数量如图 8-20 所示，大部分网民建群的数量在 3 个以内，比重为 70.58%。其中，建过 1 个群的比重为 26.99%，建过 2 个群的比重为 23.44%，建过 3 个群的比重为 20.15%。网民中最多的是建立了 47 个微信群,10 个以上微信群的比重为 11.64%。山东省使用过微信的网民建立的微信群数量主要在 3 个以内。虽然微信应用时间比 QQ 短,但是山东省网民使用微信频率高于 QQ,且微信整体建群比重也大于 QQ 群。

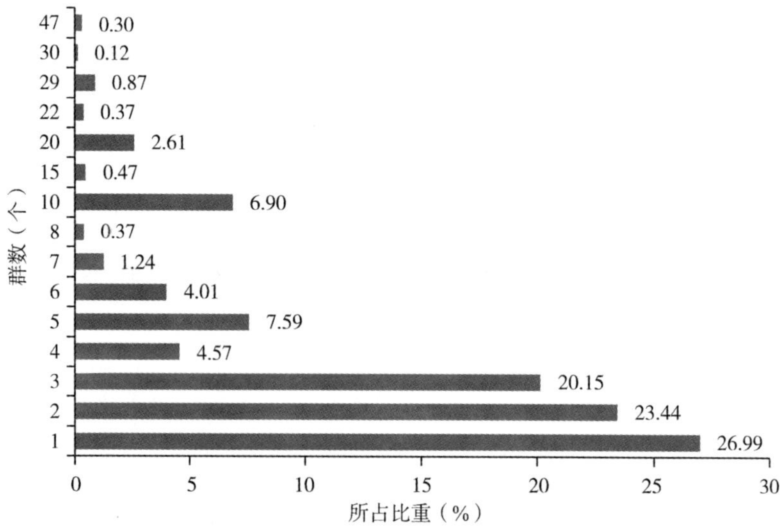

图 8-20　作为群主建立微信群的数量

8.3.3　家人联系

关于居民每周与朋友、家人面对面和网上交流的时间调查数据显示(见图 8-21),每周与朋友面对面交流时间,非网民多于网民。非网民每周平均有 6.83 小时与朋友面对面交流,而网民每周平均有 6.6 小时与朋友面对面交流。具体来看,7.26%的非网民表示每周与朋友面对面交流的时间不到 1 小时,而网民这一比重为 4.00%;47.83%的非网民表示每周会有 1～10 小时与朋友面对面交流,而网民这一比重为 60.52%;在 11～20 小时这一交流时间区间上,非网民的比重是 11.74%,网民的比重为 11.24%。非网民与朋友、家人交流时间越长,比重就越大。

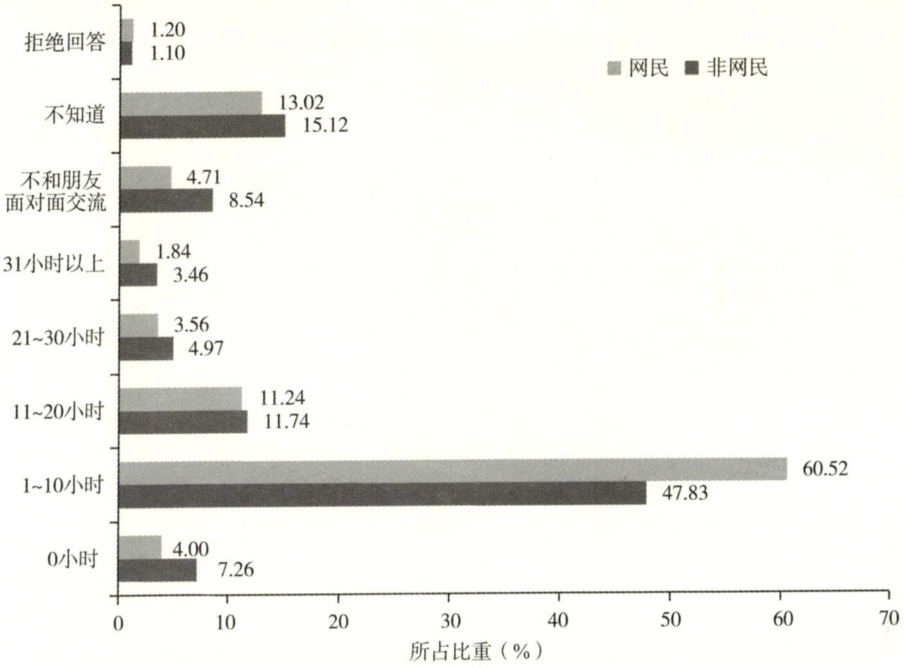

图 8-21　除工作和学习时间外，每周与朋友面对面交流时间

在通过互联网与朋友交流的时间方面，结果与面对面交流没有太大的差别。图 8-22 的数据显示，平均每周与朋友网上交流时间为 7.88 小时。3.07%的网民表示每周与朋友网上交流时间不足 1 小时，60.64%的网民表示每周与朋友网上交流时间为 1～10 小时，11.10%的网民表示每周与朋友网上交流时间为 11～20 小时。可见，网民在与朋友线上线下交流方面，不同时间段的分布频率较为一致，但是在平均交流时间上，明显高于面对面交流。

每周与家人面对面交流时间的数据显示(见图 8-23)，非网民仍然多于网民。非网民每周平均有 20.45 小时与家人面对面交流，而网民每周平均有 20.19 小时与家人面对面交流。具体来看，3.08%的非网民表示每周与家人面对面交流的时间不到 1 小时，而网民的比重只有 1.66%；25.36%的非网民表示每周会有 1～10 小时与家人面对面交流，而网民的比重为 28.83%；在 11～20 小时的交流时间区间上，非网民的比重为 15.15%，网民的比重为 18.56%；31 小时以上这个时间段，非网民的比重则大幅大于网民，为 19.64%。

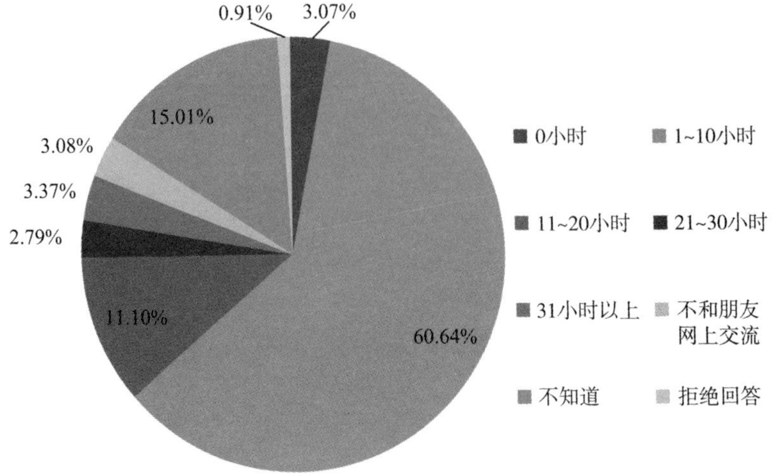

图 8-22　平均每周与朋友网上交流时间

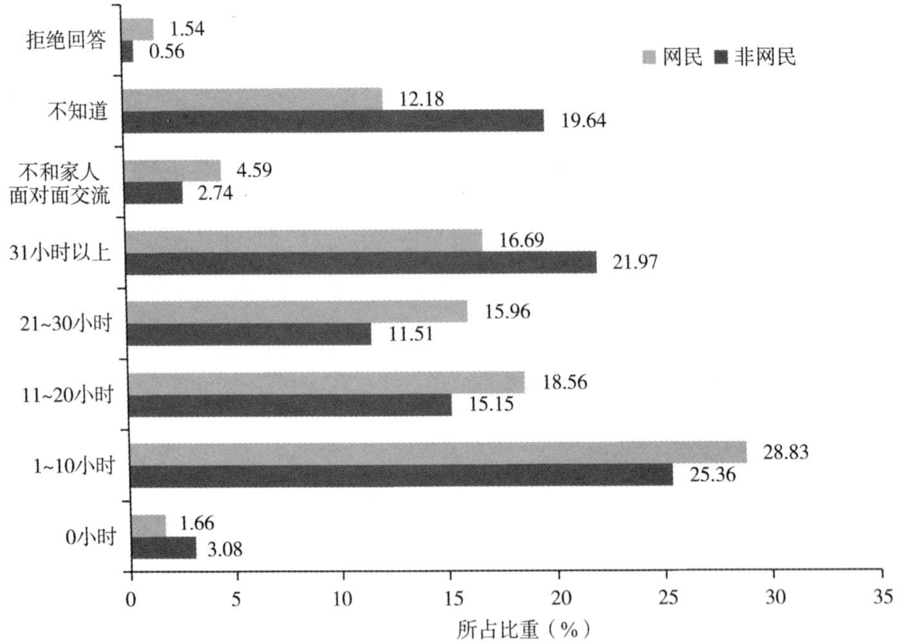

图 8-23　每周与家人面对面交流时间

总体来说,互联网的使用一定程度上降低了网民与朋友和家人面对面的交流时间,非网民的平均交流时间多于网民,交流时间段较长的频率也高于网民。

可见，互联网对人们面对面交流时间具有一定的限制作用，但也使得网民的网络交流时间增加，长于与家人和朋友面对面交流的时间。

8.4 网络认知

本节主要从网络维权、网络购物、网络办公、网络政治、网络安全等方面调查山东省城乡居民对网络的认知程度，充分展示互联网在人们心中的地位和作用。

8.4.1 网络维权

如图 8-24 所示，当居民自身权益受到侵害时，56.18%的居民因为不熟悉互联网操作不会选择网络维权，14.85%的居民因为互联网没有提供特别的维权优势而不会考虑使用网络维权。能够进行网络维权的居民比重为 18.21%，仅有 7.74%的居民表示会依靠自身的力量网络维权，6.78%的居民表示会依靠亲朋好友的力量网络维权，3.69%的居民表示会依靠网络大 V(微博上活跃有着大群粉丝的用户)的力量网络维权。总体来看，使用网络维权的山东居民比重较小。

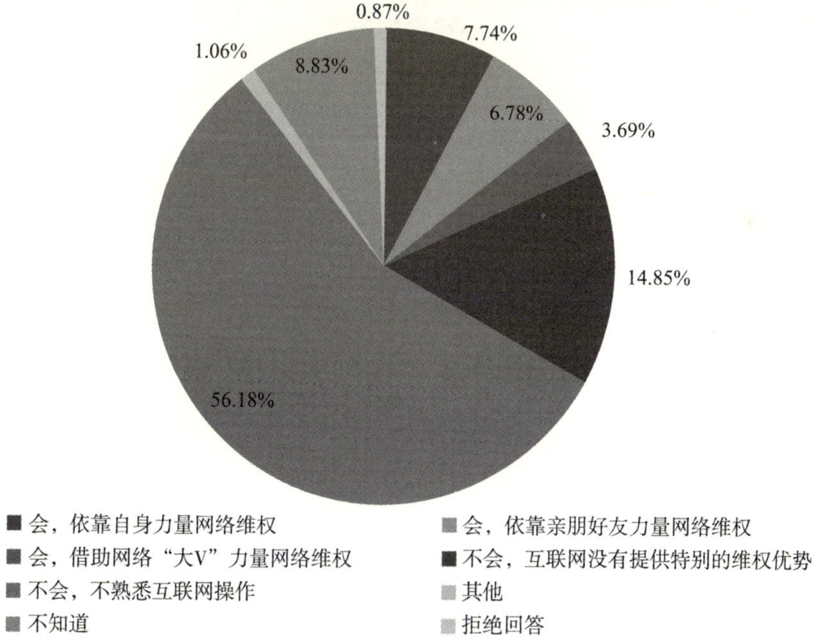

图 8-24 使用互联网维护自身权利

图 8-25 的数据显示，57.80％的居民表示因为不熟悉互联网操作，不会参与、支援他人发起的互联网维权行动，13.14％的居民表示因为互联网没有提供特别的维权优势，不会参与网络维权行动；参与维权活动的居民比重为15.08％，其中 10.89％的居民会亲身参与他人的网络维权行动，4.19％的居民表示会参与、动员周围亲朋好友参与网络维权行动。

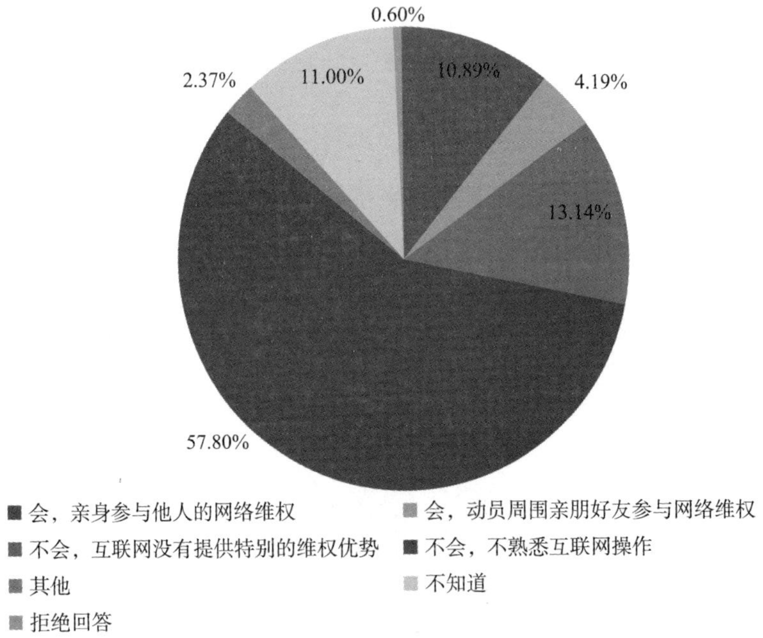

图 8-25　参与、支援他人发起的互联网维权行动

图 8-26 的数据显示，53.21％的居民不知道在互联网上谁的影响力大，26.21％的居民认为政府的影响力最大，10.63％的居民认为普通网民群体的影响力最大，另有 9.42％的居民认为网络大 V 的影响力最大。

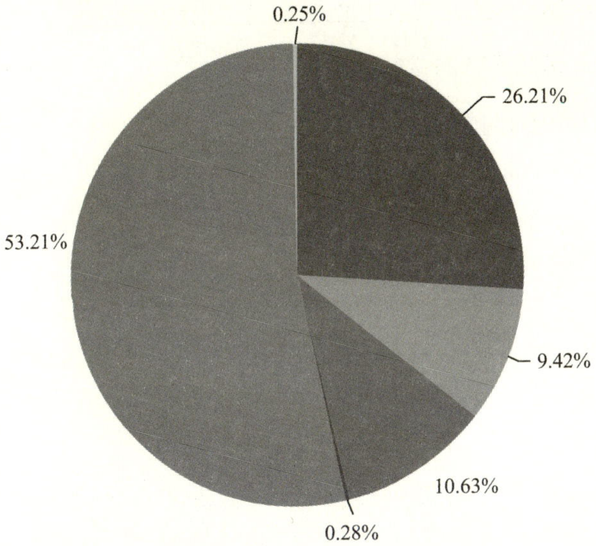

图 8-26　您觉得在互联网上，谁的影响力最大

8.4.2　网络购物

关于网上购物（见表 8-3），57.40％的居民同意网上购物的时间更加自由，节约了更多逛街的时间，能够随时随地地购买货物，但是，29.31％的居民认为花的时间更多了，挑选和退换货都很费力。46.89％的居民认为可以买到海外各类商品，可选择的范围变大了，还可以直接买到原产地的东西。30.28％的居民感觉购物的距离拉近了。可见，网络购物能够为城乡居民提供更大的便利，既能增加货源，又能节省时间。

但是33.23％的居民认为网上商品的信息量过大，总感觉无从选择。42.25％的居民认为网上商品的很多评价都是刷单造假的，让人难辨真伪。38.12％的居民认为网上的假货和仿货较多，更愿意去实体店买。可见，网上购物也存在安全问题，为避免上当受骗，城乡居民进行网上购物时必须提高警惕。总之，虽然网上购物非常流行，但是仍然有一部分人选择到实体店购买商品，尤其是贵重物品。

表8-3 关于网络购物的认知

项目	同意(%)	不同意(%)	不知道(%)	拒绝回答(%)
时间更加自由,想什么时候买就什么时候买	57.40	3.33	38.58	0.69
花的时间更多了,挑选和退换货都很费时费力	29.31	23.06	47.00	0.64
节约时间,免去了逛街的时间	51.18	7.39	40.83	0.61
随时随地购物,购物更加疯狂	36.78	18.01	44.61	0.61
可以买到海内外各类商品,可选择范围变广了	46.89	6.26	46.25	0.61
网上商品的信息量过大,总感到无从挑选	33.23	18.76	47.38	0.63
可以直接买到原产地的东西	35.43	12.54	51.41	0.63
感觉人与人之间的距离拉近了	30.28	20.19	48.83	0.61
网上商品很多评价都是刷单造假,让人难辨真伪	42.25	7.51	49.63	0.61
网上的假货和仿货较多,更愿意去实体店买	38.12	14.90	46.31	0.67

8.4.3 网络办公

随着时间的推移,互联网已经成为人们日常生活中主要的工作工具,降低了获取知识的成本与提升工作能力的成本,提高了工作效率。调查数据显示,77.25%的居民的上班内容与互联网无关,工作中使用网络的比重仅为20.28%。如图8-27所示,居民使用网络的用途是多样化的,其中用于培训的比重最大,为83.25%,认为能够减少繁文缛节的比重次之,为82.86%。寻找客户和优化工作流程的比重分别为69.88%和60.82%。而认为提高工作效率的比重最小,为31.45%。可见,居民对互联网主要作用的认知为沟通交流,而由于工作使用网络的居民较少,对提高工作效率等的认知程度低。

远程办公是指通过现代互联网技术,实现非本地办公,主要包括在家办公、异地办公、移动办公。关于远程办公替代面对面办公,仅有11.65%的居民表示完全可以,35.18%的居民认为可能实现,37.11%的居民表示不知道,8.26%的居民表示未来不好评判,而5.60%的居民表示不太可能实现(见图8-28)。

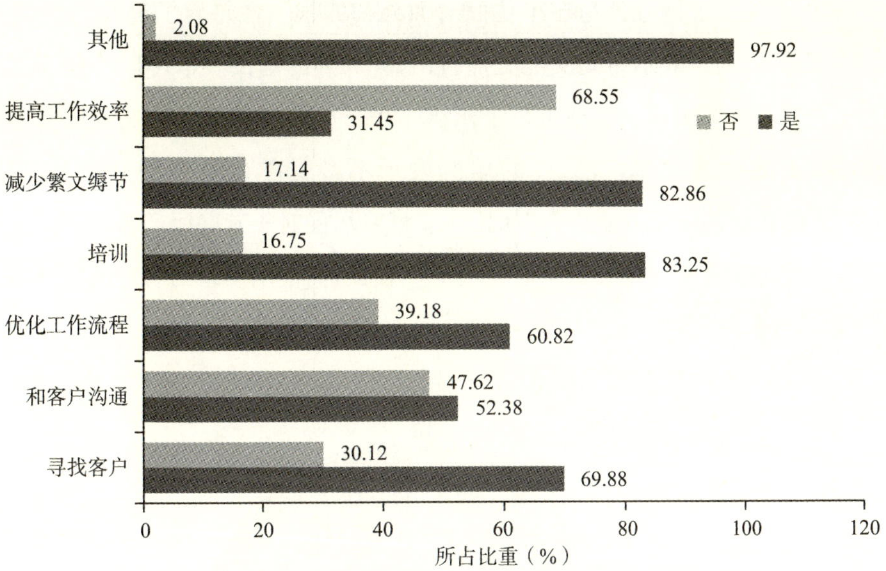

图 8-27　您的工作单位使用网络用途

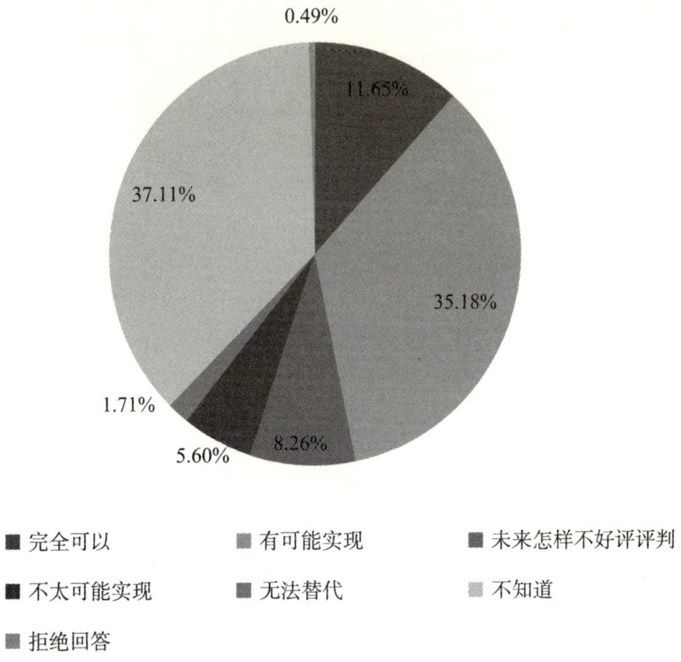

图 8-28　互联网远距离办公替代面对面办公

居民对在家上网办公与在单位面对面办公的根本性差异了解如图 8-29 所示，17.06%的居民表示时间支配更加自由，9.35%的居民表示可以不用看客户的表情神态，能够更加从容地进行工作，9.58%的居民表示远程办公能够节省办公时间，提高办事效率，5.21%的居民表示不必受单位章程的约束。但是，49.31%的居民表示不知道。可见，山东省城乡居民对于互联网远程办公的认识较浅，主要由于多数居民接触互联网的频率较低，而使用网络的居民的主要用途为获取信息和休闲娱乐。

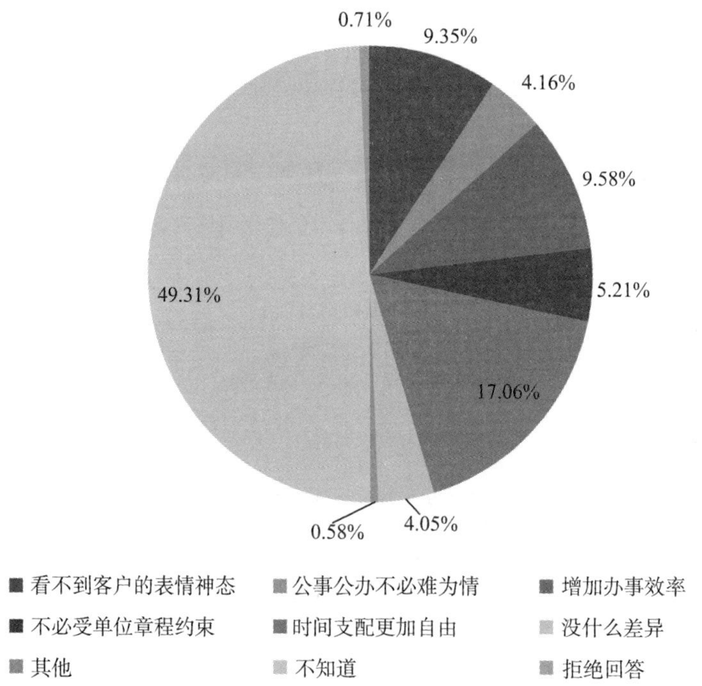

图 8-29　在家上网办公与在单位面对面办公的根本差异

8.4.4　网络政治

表 8-4 的数据显示，28.05%的居民认为互联网使人们可以有更多的政治权利，18.82%的居民表示不认同。41.15%的居民认为互联网能够为人们讨论政府事务提供便利，使人们获取更多与政府相关的信息，使人们更好地理解政治。互联网也能够使城乡居民与政府工作人员更好地交流，促使政府工作人员更好

地关心大众的想法，表达认同的比重为45.74%。同时，互联网能让越来越多的人获取到更多的社会资源，能打破社会阶层固化状况，促进社会公平，比重分别为50.76%、22.85%和36.12%。总体来看，居民对互联网促进社会公平、打破阶层固化、改善政府工作、实现公众权利作用方面更多地持肯定态度，互联网对政治工作的顺利开展也具有较大的促进作用。

表8-4 互联网对政治的影响

项目	非常不同意(%)	不同意(%)	无所谓同意不同意(%)	同意(%)	非常同意(%)	不知道(%)	拒绝回答(%)
互联网使人们可以有更多的政治权利	14.40	17.38	16.62	26.17	1.88	35.45	1.05
互联网使人们可以更多讨论政府事务	0.83	7.94	14.11	39.06	2.09	34.39	0.74
互联网使像您这样的人可以更好地理解政治	0.87	9.55	14.69	36.42	2.87	34.82	0.77
互联网使政府工作人员可以更好地关心大众的想法	0.87	7.86	11.84	41.78	3.96	32.78	0.91
互联网能让越来越多的人都能够获取到更多社会资源	0.65	5.54	9.68	46.86	3.90	32.63	0.74
互联网能促进社会公平	1.36	11.22	15.58	33.27	2.85	34.77	0.94
互联网能打破社会阶层固化状况	1.82	15.01	16.48	20.71	2.14	43.06	0.77

8.4.5 网络安全

图8-30的数据显示，49.02%的居民表示会积极保护网上的个人隐私，8.50%的居民则表示不会；31.06%的居民认为自己可以很好地保护自己的在线隐私。但是50.57%的居民会担心网上个人隐私泄露，6.70%的居民表示不会担心，与居民保护隐私的比重存在一些差异。关于个人网上行为，27.94%的居民担心政府查看自己的网上行为，27.43%的居民担心公司查看个人的网上行为。可见，山东省城乡居民的网络安全保护意识较强，尤其是涉及个人隐私与个人行为时。

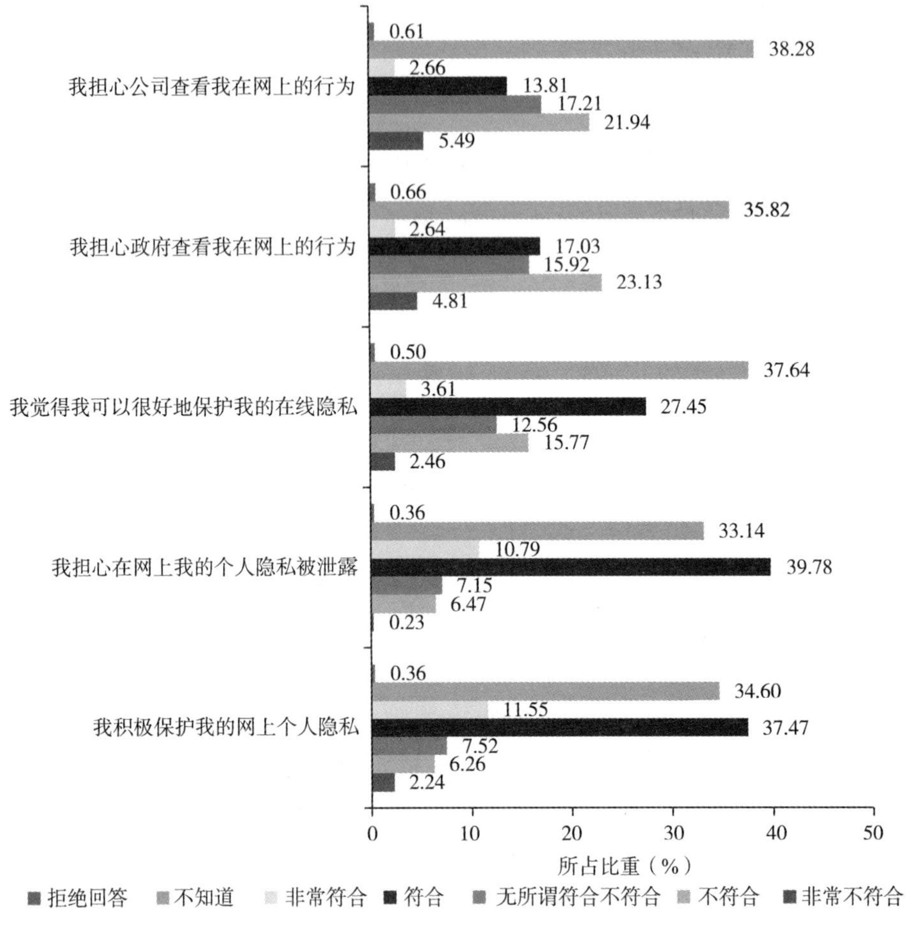

图 8-30　网络使用安全认知

8.5　小结

本部分的要点总结如下：

(1)山东省家庭网络覆盖率为 65.67%，略高于全国平均水平。其中，城市互联网普及率为 71.76%，农村互联网普及率为 35.86%。山东省农村互联网普及度仍需要进一步提升。

(2)山东省居民平均每周上网时长为 16.72 小时，大幅低于全国平均数，反映了山东省网民相比全国网民较低的互联网使用频率。近 1/3 的网民在掌握上网基本技能方面存在障碍，需要进一步地学习、提高与熟练。

(3)总体来说，在调查网民在过去一年里利用互联网从事的各项活动方面，依照使用的频繁程度从高到低排序分别为：在线社交、获取信息、休闲娱乐、商务交易、自我展示和网络维权。仅有近20%的网民较为频繁地在互联网上自己发布信息，山东省网民较为经常地从互联网上获取和浏览信息，但较少参与互动和信息发布。在注册登录时，山东省网民所填注册信息大部分都是真实的，大部分或全部虚构的比重仅为10.42%。

(4)山东省使用过QQ或微信的网民建立的QQ群或微信群数量主要在3个以内，建立3个以上QQ群或微信群的网民比重较小，比重分别为33.27%和29.42%。互联网的使用降低了网民与朋友和家人的交流时间，每周由20.45小时降低为20.19小时。居民对互联网促进社会公平、打破阶层固化、改善政府工作、实现公众权利等方面改善同意的比重分别为36.12%、22.85% 、45.74%和28.05%，山东省网民对网络的作用认识不足。

参考文献

1. Abbate J E. From ARPANET to Internet: A history of ARPA－sponsored computer networks, 1966-1988[J]. 1994. Dissertations arsilable from Proquest. AAI 9503730.

2. Bardopoulos A M. ARPANET[M]// eCommerce and the Effects of Technology on Taxation. 2015.

3. King E B, Knight J L, Hebl M R. The Influence of Economic Conditions on Aspects of Stigmatization[J]. *Journal of Social Issues*, 2010, 66(3): 446-460.

4. 葛伟民．网络效应：互联网发展对全球经济的影响[M]. 上海社会科学院出版社，2004.

5. 雷楠，苗振华．中国互联网发布最新统计报告网民总量1.11亿，上网费用总规模超千亿元[J]. 中国新通信，2006(3):49-52.

6. 石惠敏．应用场景与商业模式的创新——中国互联网大国崛起[J]. 汕头大学学报(人文社会科学版)，2017，33(9)：126-130.

7. 向蓉美．互联网产业对国民经济影响的投入产出分析[J]. 统计与决策，2008(11)：75-77.

8. 谢印成，高杰．互联网发展对中国经济增长影响的实证研究[J]. 经济问题，2015(7)：58-61.

9. 左岸．互联网改写就业市场格局 三大趋势浮现[J]. 通信世界，2015(23)：23-23.

附　录

附表 1　人口属性

变量名	标签
A2	性别
A3[1]	您的出生日期是什么？______[年]
A3[2]	您的出生日期是什么？______[月]
A3[3]	您的出生日期是什么？______[日]
A4	您的民族是：
A4a	请注明：
A5[1]	您的宗教信仰(多选)：______[不信仰宗教]
A5[11]	您的宗教信仰(多选)：______[佛教]
A5[12]	您的宗教信仰(多选)：______[道教]
A5[13]	您的宗教信仰(多选)：______[民间信仰(拜妈祖、关公等)]
A5[14]	您的宗教信仰(多选)：______[回教/伊斯兰教]
A5[15]	您的宗教信仰(多选)：______[天主教]
A5[16]	您的宗教信仰(多选)：______[基督教]
A5[17]	您的宗教信仰(多选)：______[东正教]
A5[18]	您的宗教信仰(多选)：______[其他基督教]
A5[19]	您的宗教信仰(多选)：______[犹太教]
A5[20]	您的宗教信仰(多选)：______[印度教]
A5[21]	您的宗教信仰(多选)：______[其他]
A5a	请注明：
A6	您参加宗教活动的频繁程度是：
A7a	您目前的最高教育程度是：
A7b	您目前的最高教育程度是：
A7c	您已完成的最高学历是在哪一年获得的？
A8a[1_1]	您个人去年(2016 年)全年的总收入是多少？______[收入：][百万位]

续表

变量名	标签
A8a[1_2]	您个人去年(2016年)全年的总收入是多少? ______[收入:][十万位]
A8a[1_3]	您个人去年(2016年)全年的总收入是多少? ______[收入:][万位]
A8a[1_4]	您个人去年(2016年)全年的总收入是多少? ______[收入:][千位]
A8a[1_5]	您个人去年(2016年)全年的总收入是多少? ______[收入:][百位]
A8a[1_6]	您个人去年(2016年)全年的总收入是多少? ______[收入:][十位]
A8a[1_7]	您个人去年(2016年)全年的总收入是多少? ______[收入:][个位]
A8b[1_1]	您个人去年(2016年)全年的职业/劳动收入是多少? ______[职业/劳动收入:][百万位]
A8b[1_2]	您个人去年(2016年)全年的职业/劳动收入是多少? ______[职业/劳动收入:][十万位]
A8b[1_3]	您个人去年(2016年)全年的职业/劳动收入是多少? ______[职业/劳动收入:][万位]
A8b[1_4]	您个人去年(2016年)全年的职业/劳动收入是多少? ______[职业/劳动收入:][千位]
A8b[1_5]	您个人去年(2016年)全年的职业/劳动收入是多少? ______[职业/劳动收入:][百位]
A8b[1_6]	您个人去年(2016年)全年的职业/劳动收入是多少? ______[职业/劳动收入:][十位]
A8b[1_7]	您个人去年(2016年)全年的职业/劳动收入是多少? ______[职业/劳动收入:][个位]

附表2 住房健康与人口迁移问题

变量名	标签
A11	您现在住的这座住房的套内建筑面积是(平方米):
A12[1]	您现在这座房子的产权(部分或全部产权)属于谁(多选)? ______[自己所有]
A12[2]	您现在这座房子的产权(部分或全部产权)属于谁(多选)? ______[配偶所有]
A12[3]	您现在这座房子的产权(部分或全部产权)属于谁(多选)? ______[子女所有]
A12[4]	您现在这座房子的产权(部分或全部产权)属于谁(多选)? ______[父母所有]

续表

变量名	标签
A12[5]	您现在这座房子的产权(部分或全部产权)属于谁(多选)? ______[配偶父母所有]
A12[6]	您现在这座房子的产权(部分或全部产权)属于谁(多选)? ______[子女配偶所有]
A12[7]	您现在这座房子的产权(部分或全部产权)属于谁(多选)? ______[其他家人/亲戚所有]
A12[8]	您现在这座房子的产权(部分或全部产权)属于谁(多选)? ______[家人/亲戚以外的个人或单位所有,这房是租(借)来的]
A12[9]	您现在这座房子的产权(部分或全部产权)属于谁(多选)? ______[其他情况]
A12[98]	您现在这座房子的产权(部分或全部产权)属于谁(多选)? ______[不知道]
A12[99]	您现在这座房子的产权(部分或全部产权)属于谁(多选)? ______[拒绝回答]
A129a	请注明:
A12a	目前您是否拥有(包括与他人共同拥有)房产(拥有产权)?
A12b	目前您总共拥有几处房产(包括与他人共同拥有)?
A12c[1_1]	您(目前拥有的)各处房产的位置在哪? ______[1.][省/自治区/直辖市]
A12c[1_2]	您(目前拥有的)各处房产的位置在哪? ______[1.][市+县/区]
A12c[2_1]	您(目前拥有的)各处房产的位置在哪? ______[2.][省/自治区/直辖市]
A12c[2_2]	您(目前拥有的)各处房产的位置在哪? ______[2.][市+县/区]
A12c[3_1]	您(目前拥有的)各处房产的位置在哪? ______[3.][省/自治区/直辖市]
A12c[3_2]	您(目前拥有的)各处房产的位置在哪? ______[3.][市+县/区]
A12c[4_1]	您(目前拥有的)各处房产的位置在哪? ______[4.][省/自治区/直辖市]
A12c[4_2]	您(目前拥有的)各处房产的位置在哪? ______[4.][市+县/区]
A12c[5_1]	您(目前拥有的)各处房产的位置在哪? ______[5.][省/自治区/直辖市]
A12c[5_2]	您(目前拥有的)各处房产的位置在哪? ______[5.][市+县/区]
A13	您目前的身高是(厘米):
A14	您目前的体重是(斤):
A15	您觉得您目前的身体健康状况是:
A15a	在过去的12个月里,您在通常情况下,进行体育锻炼时间达到30分钟,且会让您出汗的活动每周有几次?
A15b	请问在过去的12个月里,您由于生病或受伤住过几次院?

续表

变量名	标签
A16	在过去的四周中,由于健康问题影响到您的工作或其他日常活动的频繁程度是:
A17	在过去的四周中,您感到心情抑郁或沮丧的频繁程度是:
A18	您目前的户口登记状况是:
A18a	请注明:
A19	您(目前)的非农户口是哪一年获得的?
A19a	您是哪一年转为居民户口的?

附表3　劳动力市场和社会保障

变量名	标签
A53	您上一周是否为了取得收入而从事了1小时以上的劳动(包括参军)?
A53aa	一般每周的工作时间是多少个小时?
A53a	在您有工作的时候,通常情况下,您1周的工作时间大概有多少个小时(包括加班时间)?
A54	您上一周没有工作的原因是什么?
A54a	请注明:
A55	到目前为止,您连续没有工作的时间有多少个月?
A56[1]	您在最近3个月内采取过以下哪些方式寻找工作? ______[未找过工作]
A56[2]	您在最近3个月内采取过以下哪些方式寻找工作? ______[在职业介绍机构登记求职]
A56[3]	您在最近3个月内采取过以下哪些方式寻找工作? ______[委托亲友找工作]
A56[4]	您在最近3个月内采取过以下哪些方式寻找工作? ______[利用网络及其他媒体求职]
A56[5]	您在最近3个月内采取过以下哪些方式寻找工作? ______[参加招聘会、或自己直接上门询问]
A56[6]	您在最近3个月内采取过以下哪些方式寻找工作? ______[为自己经营做准备]
A56[7]	您在最近3个月内采取过以下哪些方式寻找工作? ______[其他]

续表

变量名	标签
A56[98]	您在最近 3 个月内采取过以下哪些方式寻找工作？ ______[不知道]
A56[99]	您在最近 3 个月内采取过以下哪些方式寻找工作？ ______[拒绝回答]
A56a	请注明：
A57a	如有适合的工作，您能否在两周内开始工作？
A57b	10 年前(2007 年)，您的主要职业是：
A57ba	请注明：
A58	您的工作经历及状况是？
A58a	您目前是否同时兼有多份工作？
A58aa	一共兼有多少份工作？
A58b	那您目前最主要的工作大约占您职业收入的百分之多少？
A59	【访员注意】以下______ A59 ______题的所有问题，如被访者有多份工作，则指的是他认为最主要的工作。
A59a	下列各种情形，哪一种更符合您目前的工作的状况？
A59aa	请注明：
A59a1	请问您雇有的雇员数是：
A59b	您目前的工作是否与用人单位或雇主签订了书面劳动合同？
A59ba	期限为多少个月？
A59c	从您第一份非农工作到您目前的工作，您一共工作了多少年？
A59d1	您目前工作的具体职业名称是：
A59d2	您目前的具体工作内容是：
A59e	您目前工作的性质是？
A59f	在您目前的工作中，您的管理活动情况是：
A59f1	请问您管理的人数是：
A59g	在您目前的工作中，您在多大程度上能自主决定您工作的具体方式：
A59h	在您目前的工作岗位上，是否经常有人希望通过您的工作便利帮他/她办事？
A59i1	您目前工作的单位或公司的具体名称(全称)是：
A59i2	您目前工作的单位或公司的主要产品或服务是：
A59j	您目前工作的单位或公司的单位类型是：

附表4 家庭信息

变量名	标签
A62[1_1]	您家2016年全年家庭总收入是多少？ ______[总收入:][百万位]
A62[1_2]	您家2016年全年家庭总收入是多少？ ______[总收入:][十万位]
A62[1_3]	您家2016年全年家庭总收入是多少？ ______[总收入:][万位]
A62[1_4]	您家2016年全年家庭总收入是多少？ ______[总收入:][千位]
A62[1_5]	您家2016年全年家庭总收入是多少？ ______[总收入:][百位]
A62[1_6]	您家2016年全年家庭总收入是多少？ ______[总收入:][十位]
A62[1_7]	您家2016年全年家庭总收入是多少？ ______[总收入:][个位]
A63	您家目前住在一起的通常有几个人(包括居民本人)？
A64	您家的家庭经济状况在所在地属于哪一档？
A65	您家现拥有几处房产？
A66	您家是否拥有家用小汽车？
A67[1]	您家目前是否从事下列投资活动(多选)？ ______[没有任何投资活动]
A67[2]	您家目前是否从事下列投资活动(多选)？ ______[股票]
A67[3]	您家目前是否从事下列投资活动(多选)？ ______[基金]
A67[4]	您家目前是否从事下列投资活动(多选)？ ______[债券]
A67[5]	您家目前是否从事下列投资活动(多选)？ ______[期货]
A67[6]	您家目前是否从事下列投资活动(多选)？ ______[权证]
A67[7]	您家目前是否从事下列投资活动(多选)？ ______[炒房]
A67[8]	您家目前是否从事下列投资活动(多选)？ ______[外汇投资]
A67[9]	您家目前是否从事下列投资活动(多选)？ ______[其他]
A67[98]	您家目前是否从事下列投资活动(多选)？ ______[不知道]
A67[99]	您家目前是否从事下列投资活动(多选)？ ______[拒绝回答]
A679a	请注明:
A68[1]	请问您分别有几个子女(包括继子继女、养子养女在内,包括已去世子女)？ ______[儿子]
A68[2]	请问您分别有几个子女(包括继子继女、养子养女在内,包括已去世子女)？ ______[女儿]
A68a[1]	请问您有几个亲生子女______(包括已去世子女)？ ______[儿子]

续表

变量名	标签
A68a[2]	请问您有几个亲生子女______(包括已去世子女)? ______[女儿]
A68b	请问您有几个 18 岁以下未成年子女(包括继子继女、养子养女在内)?
A69	您目前的婚姻状况是?
A69a	现在您和您的配偶或同居伴侣住在一起吗?
A70	您第一次结婚的时间是?
A71a	请问您目前的配偶或同居伴侣是哪一年出生的?
A71b	请问您与目前的配偶是哪一年结婚的?
A72	您配偶或同居伴侣目前的最高教育程度是:
A72a	请注明:
A73	您配偶或同居伴侣的政治面貌是:
A74	您配偶或同居伴侣目前的户口登记状况是:
A75a[1_1]	您配偶或同居伴侣去年(2016 年)全年的总收入是多少? ______[收入:][百万位]
A75a[1_2]	您配偶或同居伴侣去年(2016 年)全年的总收入是多少? ______[收入:][十万位]
A75a[1_3]	您配偶或同居伴侣去年(2016 年)全年的总收入是多少? ______[收入:][万位]

附表 5　创新与创业

变量名	标签
A91[1]	您在多大程度上同意或不同意下列说法? ______[1. ______我的同伴经常向我寻求建议或信息]
A91[2]	您在多大程度上同意或不同意下列说法? ______[2. ______我喜欢尝试新想法]
A91[3]	您在多大程度上同意或不同意下列说法? ______[3. ______我会寻找新的做事方法]
A91[4]	您在多大程度上同意或不同意下列说法? ______[4. ______大体上我对新观点持谨慎态度]
A91[5]	您在多大程度上同意或不同意下列说法? ______[5. ______当答案不明显时,我经常会临时想出解决的办法]

续表

变量名	标签
A91[6]	您在多大程度上同意或不同意下列说法？ ______[6. ______我会怀疑新发明和新思路]
A91[7]	您在多大程度上同意或不同意下列说法？ ______[7. ______我很少接受新观点,除非我能看出身边的绝大多数人是否接受它们]
A91[8]	您在多大程度上同意或不同意下列说法？ ______[8. ______我觉得我在同龄人中有影响力]
A91[9]	您在多大程度上同意或不同意下列说法？ ______[9. ______我认为我的思想和行为有创新性]
A91[10]	您在多大程度上同意或不同意下列说法？ ______[10. ______我知道我通常是团队中最后一个接受新事物的人]
A91[11]	您在多大程度上同意或不同意下列说法？ ______[11. ______我是个有创造力的人]
A91[12]	您在多大程度上同意或不同意下列说法？ ______[12. ______我喜欢在团队中参与承担领导职责]
A91[13]	您在多大程度上同意或不同意下列说法？ ______[13. ______直到看到新方法被身边的人们所采用,我才会勉强接受它]
A91[14]	您在多大程度上同意或不同意下列说法？ ______[14. ______我觉得思想和行为上的创新非常令人兴奋]
A91[15]	您在多大程度上同意或不同意下列说法？ ______[15. ______我倾向于认为老的生活方式和做事方法是最好的]
A91[16]	您在多大程度上同意或不同意下列说法？ ______[16. ______我会挑战那些悬而未决和争议性的问题]
A91[17]	您在多大程度上同意或不同意下列说法？ ______[17. ______我必须先看到别人使用新发明,我才会考虑用不用它]
A91[18]	您在多大程度上同意或不同意下列说法？ ______[18. ______我对新的观点是接纳的]
A91[19]	您在多大程度上同意或不同意下列说法？ ______[19. ______那些没被解答的问题对我是一种挑战]
A91[20]	您在多大程度上同意或不同意下列说法？ ______[20. ______我经常发现自己对新观点持怀疑态度]
A92[1]	您在多大程度上同意或不同意下列说法？请从1～7中选择一个分数,1代表“完全不同意”,7代表“完全同意”。______[1. ______对我来说,成为一名创业者的好处

续表

变量名	标签
A92[2]	您在多大程度上同意或不同意下列说法？请从 1～7 中选择一个分数，1 代表“完全不同意”，7 代表“完全同意”。______[2. ______成为一名创业者对我来说是有吸引
A92[3]	您在多大程度上同意或不同意下列说法？请从 1～7 中选择一个分数，1 代表“完全不同意”，7 代表“完全同意”。______[3. ______如果有机会和资源，我想创办一家
A92[4]	您在多大程度上同意或不同意下列说法？请从 1～7 中选择一个分数，1 代表“完全不同意”，7 代表“完全同意”。______[4. ______成为创业者能给我带来巨大的满足
A92[5]	您在多大程度上同意或不同意下列说法？请从 1～7 中选择一个分数，1 代表“完全不同意”，7 代表“完全同意”。______[5. ______在各种可能性中，我更希望成为一

附表 6　社会网络和网络社会

变量名	标签
C1[1]	您认识的人中有没有是从事以下职业的？______[1. ______公交车/卡车司机]
C1[2]	您认识的人中有没有是从事以下职业的？______[2. ______大型企业的高级管理人员]
C1[3]	您认识的人中有没有是从事以下职业的？______[3. ______家庭或办公室清洁工]
C1[4]	您认识的人中有没有是从事以下职业的？______[4. ______美发师/理发师]
C1[5]	您认识的人中有没有是从事以下职业的？______[5. ______人力资源经理/人事经理]
C1[6]	您认识的人中有没有是从事以下职业的？______[6. ______律师]
C1[7]	您认识的人中有没有是从事以下职业的？______[7. ______汽车维修工]
C1[8]	您认识的人中有没有是从事以下职业的？______[8. ______护士]
C1[9]	您认识的人中有没有是从事以下职业的？______[9. ______警察(包括交警、巡警等)]
C1[10]	您认识的人中有没有是从事以下职业的？______[10. ______初中老师]

续表

变量名	标签
C2[1]	您在多大程度上同意下面的观点？______[1. ______我国的收入差距太大了]
C2[2]	您在多大程度上同意下面的观点？______[2. ______为了社会公平，人们的物质生活水平差异应该很小]
C2[3]	您在多大程度上同意下面的观点？______[3. ______缩小高收入者和低收入者之间的差距是政府的责任]
C2[4]	您在多大程度上同意下面的观点？______[4. __________我国的社会福利让人变得懒散]
C3	您认为在我国主要应该由谁为病人提供医疗保健服务？
C4	您认为在我国主要应该由谁照顾老人？
C5[1]	在过去 12 个月里，您参加下列团体组织活动的频繁程度是：__________[1. ________休闲团体、体育团体或文化团体组织的活动]
C5[2]	在过去 12 个月里，您参加下列团体组织活动的频繁程度是：__________[2. ________政党、政治团体或政治社团组织的活动]
C5[3]	在过去 12 个月里，您参加下列团体组织活动的频繁程度是：__________[3. ________慈善组织或宗教组织的志愿活动]
C6	您在多大程度上同意下面这个说法：像我这样的人对政府要做的事情没有发言权。
C7[1]	遇到下列情形时，您首先会找谁？______[1. ______帮您做无法独自做的家务或园艺工作]
C7[2]	遇到下列情形时，您首先会找谁？______[2. ______当您生病需要卧床休息时，帮您料理家务]
C7[3]	遇到下列情形时，您首先会找谁？______[3. ______当您心情低落压抑并需要倾诉时，陪在您的身边]
C7[4]	遇到下列情形时，您首先会找谁？______[4. ______就家庭问题给您提供建议]
C7[5]	遇到下列情形时，您首先会找谁？______[5. ______和您一起参加愉悦的社交活动]
C8[1]	遇到下列情形时，您首先会向谁或哪个机构寻求帮助？______[1. ______如果您需要借一大笔钱]
C8[2]	遇到下列情形时，您首先会向谁或哪个机构寻求帮助？______[2. ______如果您需要找一份工作]

续表

变量名	标签
C8[3]	遇到下列情形时，您首先会向谁或哪个机构寻求帮助？ ______[3. ______帮您处理行政问题或办公室文书工作(比如：填写表格、申请，签合同等)]
C8[4]	遇到下列情形时，您首先会向谁或哪个机构寻求帮助？ ______[4. ______如果您需要找住的地方(包括提供住所或经济支持)]
C8[5]	遇到下列情形时，您首先会向谁或哪个机构寻求帮助？ ______[5. ______如果您病得很严重，照顾您]
C9[1]	在过去的四周里，您多久会有一次这样的感受？ ______[1. ______感觉缺少陪伴]
C9[2]	在过去的四周里，您多久会有一次这样的感受？ ______[2. ______感觉被其他人孤立]
C9[3]	在过去的四周里，您多久会有一次这样的感受？ ______[3. ______感觉被冷落了]
C10	您认为：如果有机会人们就会占您便宜，还是会尽量做到公平？
C11	总的来说，您觉得人们总是可信的，还是在和人们打交道时再小心也不为过？

图目录

表目录